Dalai Lama / Eugen Drewermann

Der Weg des Herzens

Gewaltlosigkeit und Dialog zwischen den Religionen

Herausgegeben von David J. Krieger

Patmos

Die Deutsche Bibliothek verzeichnet diese Publikation
in der Deutschen Nationalbibliografie;
detaillierte bibliografische Daten sind im Internet über
http://dnb.ddbde/ abrufbar.

1. Auflage 2003
Walter Verlag, Düsseldorf und Zürich
Satz: Jung Satzcentrum, Lahnau
Druck und Bindung:
Lengericher Handelsdruckerei, Lengerich
ISBN 3-530-70017-7
www.patmos.de

Inhalt

Vorwort

Dieser Band enthält zwei Vorträge Seiner Heiligkeit des XIV. Dalai Lama und einen Text von Eugen Drewermann. Der erste Vortrag des Dalai Lama über interreligiösen Dialog und die Ansprache von Eugen Drewermann wurden am 18. August 1991 in Zürich anläßlich einer Veranstaltung zum Thema «Die Suche nach der Friedenskultur der Religionen» vorgetragen. Für diese Publikation sind die Worte von Eugen Drewermann mit Auszügen aus seinem «Kommentar zum Matthäusevangelium» (Walter-Verlag, Olten 1992) erweitert worden. Die oben erwähnte Veranstaltung fand im Rahmen des «Internationalen Festes» der 700-Jahr-Feier der schweizerischen Eidgenossenschaft statt. Mitveranstalter waren das «Internationale Fest» (Thomas Imboden), das Institut für Kommunikationsforschung (Meggen, Schweiz) und die Evangelische Studiengemeinschaft an den Zürcher Hochschulen (David Krieger) sowie die Paulus-Akademie (Matthias Mettner), in der die Veranstaltung stattfand. Die Initiative zu diesem Anlaß hatte Thomas Imboden vom «Interionalen Fest» ergriffen.

Die Organisatoren Thomas Imboden, Matthias Mettner und ich danken an dieser Stelle folgenden Persönlichkeiten und Institutionen für ihre Mitwirkung und ihre Unterstützung: Hans-Jürg Braun, Barbara Hendricks, Iégor Reznikoff, Wolfgang Somary und die Intercultural Cooperation Stiftung (Zürich), dem Hotel St. Gotthard (Zürich), der katholischen Kirchge-

meinde «Maria Krönung» (Zürich-Witikon), der Stadt Zürich. Ich möchte auch an dieser Stelle Pascale Müller für Mithilfe bei der Vorbereitung des deutschen Textes des Dalai Lama danken und Dr. Metzinger vom Walter-Verlag, der zur Verwirklichung dieses Buches wesentlich beigetragen hat.
Ein besonderer Dank gebührt Kelsang Gyaltsen und den Mitarbeitern des Tibet Office in Zürich, die wesentlich zum Gelingen des Anlasses beigetragen haben. Ebenfalls konnte der zweite Vortrag des Dalai Lama über Gewaltlosigkeit, den er wenige Tage nach der Veranstaltung in Zürich in Wien gehalten hat, dank der Mitarbeit des Tibet Office in diesen Band integriert werden.
Gemäß dem Wunsch des Dalai Lama und Eugen Drewermanns werden die Profite aus diesem Buch zur Unterstützung des interreligiösen Dialoges verwendet.

David J. Krieger
Luzern, im Januar 1992

David J. Krieger

Einführung

Gewaltlosigkeit und interreligiöser Dialog bilden zusammen das Thema dieses Buches. Es gibt eine innere Verbindung zwischen Gewaltlosigkeit und einem echten Frieden und gegenseitiger Verständigung unter den Religionen. Schon Mahatma Gandhi machte den interreligiösen Dialog zum wesentlichen Teil seines gewaltlosen Kampfes für die Unabhängigkeit Indiens. Obwohl er Hindu war, las er seinen Anhängern aus dem muslimischen Koran und der christlichen Bibel vor. Nur durch Gewaltlosigkeit, lehrte er, könnten die tiefen Differenzen zwischen den Religionen überwunden und ein Dialog eingeleitet werden. Auch Seine Heiligkeit, der XIV. Dalai Lama betont in den zwei in diesem Buch vereinigten Vorträgen den Zusammenhang zwischen interreligiöser Verständigung und Gewaltlosigkeit. Das gleiche bezeugt von christlicher Seite der Beitrag Eugen Drewermanns.
Gewalt und gegenseitige Verständigung sind schlechthin unvereinbar. Jede Gewalt, sei es politischer, wirtschaftlicher oder ideologischer und religiöser Natur, blockiert und untergräbt die Offenheit und Unvoreingenommenheit, die notwendig sind, um Andersdenkende und Andersgläubige zu verstehen. Jedes Mal, wenn wir unsere Herzen gegen andere verschließen, verstoßen wir gegen die höchste Forderung unseres eigenen Glaubens, nämlich, andere Menschen in Liebe und Mitgefühl zu respektieren und anzunehmen.

Die Geschichte zeigt, daß die blutigsten Kriege, die hartnäckigsten Mißverständnisse und die tiefsten Zerrüttungen zwischen Menschen auf ideologische und religiöse Differenzen zurückzuführen sind. Dies ist auch verständlich, wenn wir bedenken, wie sehr wir das Bedürfnis nach Sinn und Geborgenheit in einer vertrauten Welt spüren. Kein Mensch kann in einer sinnlosen und chaotischen Welt leben. So weit zurück wir in die Geschichte der Menschheit blicken, finden wir immer, daß die Menschen irgendeine Religion hatten.

Religion gibt dem Leben Sinn. In ihrer unübersehbaren Fülle von Formen hat Religion immer die Funktion erfüllt, der Welt und der menschlichen Existenz Ordnung und Sinn zu verleihen. In ihren Mythen und Theologien beschreibt sie eine Welt, in der sich der Mensch zu Hause fühlen kann. Aufgrund der Schöpfungserzählungen wird es verständlich, wie die Welt entstanden ist, warum das Land, die Pflanzen und die Tiere so geschaffen werden, welches die einzigartige Stellung des Menschen im Kosmos ist und wohin ihn sein Leben führt. Die Mythologie erklärt den Ursprung der Welt und legitimiert die sozialen Einrichtungen der Gesellschaft. Rituale und Gebete vergewissern die Menschen, daß sie nicht allein und ungeschützt dem Tod, der Verzweiflung und dem Leiden ausgeliefert sind, sondern in Gemeinschaft miteinander und in Verbindung mit der Quelle des Seins und dem ewigen Leben stehen. Auch dort, wo nicht die Rede von Gott oder von Göttern ist, wie z. B. im Hinayana-Buddhismus oder im westlichen Humanismus und Atheismus, gibt doch jede Weltanschauung und jedes ideologische System in irgendeiner Form Antworten auf die tiefsten Fragen des Lebens: Wer bin ich? Woher komme ich? Wohin gehe ich? Was soll ich tun?

Es dürfte demnach keine Überraschung sein, wenn Menschen

sich bedroht fühlen in dem Moment, in dem ihre tiefsten Überzeugungen in Frage gestellt werden angesichts anderer, ihnen fremder und unverständlicher Weltanschauungen. Kein Mensch kann unberührt bleiben, wenn alles, was er für gut und wahr hält, durch eine andere Weltanschauung verneint wird. Deswegen ist die erste Reaktion gegenüber dem Fremden fast immer Angst und Abwehr. Die Geschichte der Menschheit hat uns immer wieder gezeigt, wie Individuen, Gruppen und ganze Völker und Staaten ständig bemüht waren, ihre ideologischen Grenzen zu verteidigen und sich gegen Andersdenkende mit allen möglichen Mitteln zu behaupten und durchzusetzen.
Die heillose Verstrickung der christlichen Mission im westlichen Kolonialismus der letzten Jahrhunderte und die gegenwärtigen ideologischen Konflikte sind Beispiel genug für das katastrophale aber typische Verhalten der Völker untereinander. Es wäre kurzsichtig zu meinen, es handle sich dabei bloß um wirtschaftliche, politische oder militärische Interessenkonflikte. Ganz im Gegenteil: Wirtschaftliche und politische Differenzen ließen sich viel leichter lösen, wenn nicht tiefgreifende ideologische und kulturelle Unterschiede eine gegenseitige Verständigung und Zusammenarbeit verhinderten.
Immer wieder erleben wir, wie schwierig es ist, sogar einfache Probleme zu lösen, wenn keine gemeinsam anerkannten Werte und Prinzipien alle Parteien in einem Konflikt miteinander verbinden. Um praktische Angelegenheiten durch Zusammenarbeit zu regeln, müssen wir miteinander reden können. Die Sprache ist das Medium, in dem wir Menschen unsere Handlungen koordinieren. Kommunikation über Bedürfnisse, Pläne und Möglichkeiten, der Austausch von Informationen, Ideen und Argumenten und der Konsens über gemeinsame Handlungsstrategien gehören zu den Grundbedingungen mensch-

licher Existenz. All dies wäre aber kaum möglich, wenn wir einander unsere Vorstellungen von einem besseren, würdigeren, freieren Leben nicht mitteilen könnten.

Der Mensch ist von Natur her ein soziales Wesen, das nur durch gegenseitige Verständigung, durch Zusammenleben aufgrund einer gemeinsamen Hoffnung und eines gemeinsamen Zieles sein Leben gestalten kann. Unter allen Wesen ist der Mensch dasjenige, das auf Kommunikation und Zusammenleben angewiesen ist, um sich zu verwirklichen. Ohne irgendein gemeinsam anerkanntes Verständnis der Welt und des Lebenssinnes gäbe es keine Sprache, die fähig wäre, menschliche Gemeinschaft zu vermitteln. Denn Worte und Zeichen der Sprache bleiben stumm und unverständlich, wenn die Kriterien für das, was wirklich, sinnvoll und wertvoll ist, fehlen. Wie können wir uns einander öffnen und unsere Ideen und Gefühle einander mitteilen, wenn wir nicht schon im voraus ein gewisses Verständnis der Welt teilen? Wenn diese Grundlage fehlt, wie dies in allen interkulturellen und interreligiösen Konflikten der Fall ist, wird es fast unmöglich, auch nur über die einfachsten Probleme zu reden. Und wenn die Sprache versagt, greifen wir allzuschnell zu den Waffen.

Der Dalai Lama spricht von Liebe und Mitgefühl, weil diese zur menschlichen Natur überhaupt gehören. Sie begründen die Fähigkeit, Konflikte gewaltlos auszutragen. Durch Liebe und Mitgefühl erleben wir eine Solidarität mit anderen Menschen, die über alle ideologischen, religiösen und kulturellen Grenzen hinwegreicht. Aufgrund von Liebe und Mitgefühl, die nicht kulturell bedingt sind, wird es uns möglich, der Bedrohung durch eine fremde Kultur und Lebensweise offen und verständnisvoll zu begegnen.

Wenn wir anderen Menschen mit Liebe und Mitgefühl begegnen, so fremd ihre Sicht der Welt und ihre Lebensweise uns zunächst auch erscheinen mögen, wird es uns möglich, an ihren Sorgen und Hoffnungen teilzunehmen. Wir können uns in ihre Situation versetzen, und wir können lernen, die Welt so zu sehen wie sie. Nur durch eine echte Teilnahme, die alle Ängste, Vorurteile und billigen Ausreden abgelegt hat, können wir die Probleme und Bedürfnisse anderer Menschen kennenlernen und somit in die Lage kommen, Lösungen zu finden, die für alle befriedigend sind. Die Mißverständnisse, die entstehen, wenn wir versuchen, andere «Sprachen» zu sprechen, werden ausgeräumt und die Tür zu neuen, gemeinsamen Lösungen geöffnet.

Wir stehen heute am Beginn eines globalen Zeitalters. Das Bild vom «Raumschiff Erde», in dem alle Menschen, alle Kulturen und Völker sich im gleichen «Boot» befinden und nur durch gegenseitige Kooperation ihre Existenz und die Zukunft der Menschheit sichern können, ist schon ein Gemeinplatz geworden. Es gibt kein ernsthaftes Problem heute, sei es wirtschaftlich, politisch oder sozial, das nicht auch ein globales Problem ist. Was wir auf den Mittagstisch legen, wieviel Energie wir brauchen, wo wir unser Geld investieren, all dies beeinflußt direkt, wie Menschen auf der anderen Seite der Erde leben, ihre Arbeitsbedingungen, ihre Chancen auf Selbstbestimmung, Entwicklung und Gerechtigkeit. Angesichts dieser Situation ist interreligiöser Dialog kein Luxus mehr und kein Hobby der Theologen und Kirchenvertreter.

Es wird aber keine globale Kultur geben, die nicht bereit ist, die verschiedenen religiösen Überzeugungen der Menschheit anzuerkennen. Dies zeigt zur Genüge die wachsende Gefahr des religiösen Fundamentalismus. Überall erhebt sich heute ein fanatischer, intoleranter, aggressiver Fundamentalismus gegen die Orientierungslosigkeit und den Wertezerfall einer alles nivellierenden, materialistischen Konsumgesellschaft. Wir stehen heute an einem Wendepunkt in der Geschichte, an dem sich entscheiden wird, ob die großen religiösen Traditionen der Welt sich gegenseitig anerkennen oder sich in einer noch vehementeren und gefährlicheren Polemik versteifen werden. Heute und in naher Zukunft gibt es nur eine Alternative: fanatischer Fundamentalismus oder interreligiöser Dialog.

Der Dalai Lama ist ein Botschafter des Weltfriedens im Namen des Buddhismus. Die Gewaltlosigkeit ist aber nicht das spirituelle Eigentum des Ostens. Der Theologe und Psychotherapeut Eugen Drewermann spricht aus christlicher Sicht. Er spricht eine Sprache des Herzens, der Gefühle, der unbezweifelbaren Gewißheit der Liebe. Auch Jesus Christus ist einen Weg der Gewaltlosigkeit gegangen, und diejenigen, die sein Leben und sein Wort ernstnehmen, wissen, was es bedeutet, ihm nachzufolgen und Zeugnis für ihn in einer Welt der Brutalität und Unmenschlichkeit abzulegen. Allerdings herrscht im Westen seit Jahrhunderten eine andere Auffassung vor.

Innerhalb und außerhalb der Kirchen haben Kritiker über die Jahrhunderte hinweg Jesus als fanatischen Pazifisten abgestempelt, der keine Ahnung von der wirklichen Natur sozialer und politischer Konflikte hatte. Wir haben bis heute kaum etwas anfangen können mit dem Wort Jesu: «Ihr habt gehört, daß gesagt worden ist: Auge um Auge und Zahn um Zahn. Ich aber sage euch: Leistet dem, der euch etwas Böses antut, keinen Widerstand, sondern wenn dich einer auf die rechte Wange schlägt, dann halte ihm auch die andere hin» (Mt 5,38–40).

Gewaltlosigkeit wird erst dann ein Werkzeug der Gemeinschaftsbildung, wenn die Menschen die Macht der Waffen durch die Macht des Geistes ersetzen. Die Geschichte ist un-

ausweichlich mit Leiden verbunden. Konflikte wird es immer geben, und durch jeden Konflikt entsteht Leiden. Die Aufgabe des Menschen ist es – und gerade dies hat Jesus uns gesagt und gezeigt –, dieses Leiden freiwillig auf sich zu nehmen, damit der Prozeß der Gemeinschaftsbildung schöpferisch und frei wird.
Die meisten Menschen aber reagieren in einer Konfliktsituation aus Unwissenheit über diese ihre wahre Aufgabe und Fähigkeit mit Angst. Sie versuchen, das Leiden auf andere abzuwälzen. Diese «natürliche» Reaktion ist der Ursprung und das Wesen der Gewalt. Denn Gewalt ist nichts anderes als der Versuch, dem Leiden in einem Konflikt zu entkommen, indem man es auf den anderen abschiebt. Gewaltlosigkeit dagegen besteht darin, daß man dieses Leiden freiwillig auf sich nimmt. Und dieses freiwillig auf sich genommene Leid ist es, was uns Jesus Christus vorgelebt und ermöglicht hat.
Die Impulse des Herzens wirken sich unmittelbar auf unser soziales und politisches Engagement aus. Sie bleiben nicht ruhig und harmlos in einer privaten, rein spirituellen Gesinnung. Christliche Nachfolge ist weltliche, historische Verantwortung. Gegen diese Verquickung von Spiritualität und Politik aber hat sich die bürgerliche Gesellschaft des Westens stets gewehrt. Unter dem Begriff der «Toleranz» haben wir seit dem 17. Jahrhundert versucht, alle religiösen Ansprüche von der Politik fernzuhalten und in die Privatsphäre zu verbannen. Die Trennung von Kirche und Staat, so nötig sie war und trotz allen ihren positiven Wirkungen, bedeutet – und das müssen wir lernen anzuerkennen –, daß der absolute Wahrheitsanspruch des Herzens nichts mehr mit der Politik und der historischen Wirklichkeit zu tun haben darf. Das menschliche Zusammenleben in der Gesellschaft ist der Bereich der *relativen Wahrheit*. Jeder Bürger darf an der öffentlichen Meinungsbildung teilnehmen, aber

nur wenn er gleichzeitig bereit ist, Kompromisse einzugehen und Mehrheitsbeschlüsse anzuerkennen.
Die absolute Wahrheit des Herzens jedoch läßt sich nicht kompromittieren, noch können wir über sie abstimmen. Was Recht ist, entspricht nicht immer den Interessen der Mehrheiten oder der Mächtigsten, und wenn man für die Rechte des Herzens einsteht, bedeutet dies eine große Gefahr für den Staat. Ein religiös motivierter Mensch ist oft bereit, Leiden auf sich zu nehmen, sein Eigentum und sogar sein Leben zu opfern, um für den absoluten Anspruch der Liebe Zeugnis abzulegen. Wer aber bereit ist, für sein Gewissen zu sterben, der entzieht sich denjenigen Regelungsmechanismen, welche die Bürger durch Angst vor Strafe im Zaume halten.
Im Westen haben wir versucht, dieses Problem durch eine doppelte Moral zu lösen. Im öffentlichen Leben gelten andere Normen als im privaten Bereich. Unsere offiziellen Exegeten, Drewermann ausgenommen, sagen es immer wieder: Die Gebote der Bergpredigt seien nicht politische und soziale Handlungsanweisungen, sondern sie hätten «nur» spirituelle Bedeutung, sie seien ein Verweis auf das kommende Himmelreich. Auf Erden, so lautet die offizielle Doktrin, gelten die Regeln der Zweckdienlichkeit und der Realpolitik. Aber der Gott der Juden und Christen ist ein Gott der Geschichte! Und der große Beitrag des Westens zum interreligiösen Dialog ist die Überzeugung, daß diese historische Welt gerettet werden kann. Die Zurückgezogenheit und Weltentfremdung des «religiösen» Menschen ist unvertretbar in einer Zeit, in der die Mechanismen der Gewalt und Herzlosigkeit so stark geworden sind, daß Menschen sich nicht einmal mehr trauen, einander ihre Gefühle zu zeigen, Mitleid und Zuneigung ihr Leben bestimmen zu lassen. Gerade der Anspruch religiöser Wahrheit, einen Sinn

des Lebens zu erschließen, verlangt, sich für das Wohl aller Menschen auf der Erde zu engagieren.
Es geht in diesem Verständnis der christlichen Botschaft nicht um die Durchsetzung eines bestimmten Programms, sondern um die grundsätzliche Frage der Fähigkeit, zu lieben und sich für das Gemeinwohl einzusetzen in einer von sogenannten Systemzwängen ausgehöhlten Gesellschaft. Es geht also nicht um eine vermeintlich gewaltlose Methode, die uns in die Lage versetzen soll, die eigenen Interessen durchzusetzen. Es geht darum, die Wahrheit, der wir alle, aber je in unserer eigenen Art und Weise, unausweichlich verpflichtet sind, so zu vertreten, daß wir uns auch über ihre Grenzen hinaus mit anderen solidarisch verhalten können.
Es mag hier eingewendet werden, daß eine solche religiöse Politik sich erst verwirklichen ließe, wenn alle Menschen die gleiche Wahrheit haben. Auch wenn wir die Fähigkeit des Menschen, absolute Wahrheit zu erkennen, durchaus realistisch einschätzen, ist die Stimme des Herzens keine bloße Meinung, sondern eine bedingungslose Verpflichtung mit absoluter Autorität. Deshalb ist die Gewaltlosigkeit das einzige Mittel. Denn nur die Gewaltlosigkeit erlaubt es uns, zugleich zu der fundamentalen Wahrheit unseres Gewissens zu stehen als auch für eine Vertiefung und Erweiterung dieser Wahrheit offen zu sein.
Wenn wir unsere Auffassung der Wahrheit anderen durch Gewalt aufdrängen, erheben wir eine mögliche Teilwahrheit zur Absolutheit und verhindern den Austausch der verschiedenen Gesichtspunkte, welche allein uns die volle Wahrheit geben könnten. Indem wir durch Gewalt jede Korrektur der eigenen Position verbieten, bleiben wir bei unserer unvollkommenen Wahrheit stehen. Gandhi erklärte dies mit der folgenden Er-

zählung: «Es scheint, daß die Unmöglichkeit, die volle Wahrheit in diesem sterblichen Körper zu erfassen, einen alten Weisen zur Erkenntnis von ahimsa (Gewaltlosigkeit) geführt hat. Die Frage, die sich ihm stellte, war: ‹Soll ich diejenigen, die mir Schwierigkeiten bereiten, dulden, oder soll ich sie zerstören?› Der Weise sah, daß derjenige, der andere zerstörte, niemals weiterkam, sondern immer dort stehenblieb, wo er war, während derjenige, der mit seinen Widersachern Nachsicht übte, vorwärts ging und erst noch die anderen mit sich zog.» Das einzige, was eine ideologische Verabsolutierung der eigenen Wahrheitsauffassung sprengen kann, ist das freiwillige Selbstleiden und die damit verbundene Feindesliebe. Denn in jedem Konflikt wird der erwartete Widerstand des Gegners zur Bestätigung der schon gemachten Verurteilung seiner Position. Gewalt in allen Formen wird immer nur Gegengewalt hervorrufen und legitimieren.

Wenn wir aber dem Gegner nicht mit Gewalt und Haß entgegentreten, dann kann er nicht unberührt bleiben. Derjenige, der Gewalt braucht, wird sich mit der Zeit fragen müssen, woher sein «Gegner» die moralische Kraft holt, um sich gewaltlos zu verhalten. Die geistige Kraft der Gewaltlosigkeit und des freiwilligen Selbstleidens fordert Respekt. Also muß derjenige, der Gewalt anwendet, seine Ideologie, welche diese Gewalt rechtfertigt, in Frage stellen angesichts gewaltlosen Widerstandes. Wenn der Aggressor sieht, daß wir das Leiden auf uns nehmen und daß ihm selber kein Leid zugefügt wird, dann können sich Angst und Mißtrauen in einen echten Dialog auflösen. In einer gewaltlosen Auseinandersetzung müssen demnach nicht die anderen für unsere Fehler leiden, und diese Fehler eskalieren nicht zu einem neuen Streit. Man kann bei der Sache bleiben und zu einer konstruktiven Lösung durchdringen.

Die religiöse Erneuerung, die überall heute sich unter dem Schlagwort «Fundamentalismus» kundtut, zeigt, daß die Verdrängung von Religion aus dem öffentlichen Leben fehlgeschlagen ist. Die Beiträge dieses Bandes wollen die Richtung anzeigen, in der Lösungswege für eine menschliche Zukunft liegen. Sie stellen uns klar vor Augen, was heute unsere Aufgabe ist: Gewaltlosigkeit und interreligiöser Dialog.

Dalai Lama

Interreligiöser Dialog

Liebe Freunde, ich freue mich, daß ein interreligiöser Dialog stattfinden wird, ein Dialog, der dazu beitragen soll, die Freundschaft und die Harmonie zwischen den Religionen zu stärken. Der interreligiöse Dialog soll dazu dienen, daß man von anderen Religionen lernt, daß man seine Erfahrungen und sein Wissen untereinander austauscht. So wird die Menschheit insgesamt gefördert. Viele Menschen setzen heutzutage ihre Hoffnung in diesen Dialog. Ich glaube deshalb, daß er sehr wichtig ist.

Heute erleben wir große Veränderung in der Welt. Verschiedene Ideologien, verschiedene Systeme leben miteinander zusammen. Es kommt mehr und mehr zu einem echten Verständnis, zu einem gegenseitigen Respekt, zu einem Austausch zwischen verschiedenen Ideologien und Systemen. Als religiöse Menschen müssen wir diese Gelegenheit nutzen, um unser gegenseitiges Verständnis weiter zu stärken. Ansonsten besteht die Gefahr, daß wir die Zeit verpassen. Man kann immer wieder beobachten, daß die Menschen ein echtes Interesse und eine tiefe Freude empfinden, wenn solche Treffen zustandekommen. Das stärkt die Hoffnung und ermuntert, in diese Richtung weiterzumachen. Daß ich in dieser Atmosphäre zu Ihnen sprechen darf, ist für mich eine große Ehre, und es stärkt auch meinen eigenen Enthusiasmus.

Ich möchte nun über die Entwicklung von Liebe und Mitgefühl

sprechen. In allen Religionen, in den verschiedenen Systemen und Traditionen wird sie gleichermaßen gepflegt und gefordert. Dabei möchte ich auch von meinem eigenen Standpunkt her und aus meiner eigenen Erfahrung sprechen.

Oft gebrauchen wir die Worte «gut» und «schlecht». Wir sollten uns aber fragen, an welchem Maßstab wir «gut» und «schlecht» messen. Wo ist die Grenze zwischen diesen beiden Wertungen?

Ich glaube, gut und schlecht hat mit unseren eigenen Empfindungen und Gefühlen zu tun. Wenn wir etwas für uns Angenehmes erleben, empfindet unser Geist Freude. Empfinden wir etwas als angenehm, dann bezeichnen wir es als gut. Wenn uns auf der andern Seite etwas Angst macht, uns Unbehagen einflößt, dann nennen wir es schlecht, wir verstehen es als etwas Negatives.

Betrachten wir nun die Beziehungen zu anderen. Wenn uns eine Person so begegnet, daß sie in uns ein Gefühl der Freude, der Gelassenheit und des Vertrauens auslöst, dann erleben wir die Begegnung als äußerst positiv. Das gilt nicht nur für uns Menschen, das gilt selbst für die Tiere. Für alle Wesen ist Liebe und Zuneigung sehr wichtig und sogar lebensnotwendig. Egal, ob wir von der heutigen Zeit oder von der Zeit vor der Entwicklung unserer Zivilisation sprechen: Immer sehnen sich die Wesen nach tiefer Zuneigung, nach Liebe und Mitgefühl.

Tiere haben keine entwickelte Intelligenz wie wir Menschen. Doch wenn man einem Tier freundlich begegnet, dann merkt man sofort seine positive Reaktion. Fügen wir einem Tier Schaden zu oder verletzen es irgendwie, merken wir gleich, wie es vor dieser Begegnung zurückschreckt und Angst bekommt.

Heutige Wissenschaftler, die sich mit der Entwicklung des Kindes befassen, glauben, daß für das gesunde Wachstum des ungeborenen Kindes die Ausgeglichenheit der Mutter die wichtigste Lebensbedingung ist. Je ruhiger, ausgeglichener und liebevoller der Geist der werdenden Mutter ist, desto besser ist auch die Entwicklung des Kindes. Ist die Mutter geistig sehr unausgeglichen, hat das einen negativen Einfluß auf die Entwicklung des Kindes. In den ersten Wochen nach der Geburt, sagen diese Wissenschaftler, ist das Wichtigste für die gesunde Entwicklung und Heranbildung des kindlichen Gehirns eine Bezugsperson (in der Regel die Mutter), die dem Kind eine echte Zuneigung zeigt. Wichtig ist auch, daß sich diese Zuneigung durch körperliche Nähe ausdrückt.

Selbst die Ausbildung unseres Körpers, sein Wachstum und seine Gesundheit hängen mit der Zuneigung und Liebe, die wir von anderen Menschen erfahren, zusammen. Von der Geburt bis zum Tod ist die durch Mitmenschen erfahrene Zuneigung und Liebe einer der wichtigsten Lebensumstände. Nur so kann der Geist friedvoll und ausgeglichen sein.

Liebe, Mitgefühl und Zuneigung sind die eigentlichen Grundlagen, das Fundament für Wohlergehen in unserem Leben. Wenn man diese Eigenschaften in sich zu entwickeln versucht, entsteht dadurch eine starke Entschlossenheit und Willenskraft im eigenen Geist. Wenn wir ein kleines Kind betrachten, so ist dieser Mensch noch völlig frei von allen Ideologien und religiösen Grundsätzen. Allerdings ist dieser neu-geborene Mensch nicht frei vom Bedürfnis nach liebender Geborgenheit.

Deshalb kann man sagen: Das wichtigste Kriterium, daß man etwas als «gut» bezeichnen kann, ist, daß etwas mit Liebe und Zuneigung verbunden ist. Daraus folgt, daß alle Religionen Liebe, Zuneigung und Mitgefühl als wesentliche Eigenschaften entwickeln müssen. Das soll das bedeutendste Element ihrer

Religiosität sein. Aus Liebe und Zuneigung entsteht Glück, wird etwas gut, ein Mensch wird ein guter Mensch. Die Religionen sind durch Menschen entstanden und als Hilfe für die Menschen gedacht. Deshalb müssen sie das besonders ansprechen, was der Mensch am meisten braucht: Liebe und Mitgefühl.

Wenn die Tugenden eines Religionsgründers beschrieben werden, nennen alle Religionen zuerst die Barmherzigkeit. Der Gründer kann Gott sein, Jesus Christus, Buddha oder wer auch immer. Die eigentliche Tugend, die man an seinem Zufluchtsobjekt, an dem Gründer der Religion schätzt, ist die Barmherzigkeit. Warum? Weil, wie gesagt, die Menschen von Natur aus ein tiefes Bedürfnis nach liebender Zuwendung und Mitgefühl haben.

Als Ziel der Religionsausübung steht in allen Religionen ein Himmel, ein Paradies oder ein reines Land. Wenn wir an den Himmel denken oder an das Paradies oder an ein reines Land, dann fällt uns doch zuerst ein, daß dort eine Atmosphäre herrscht, die völlig frei von Krieg und Gewalt ist. Sie ist durchdrungen von einem echten, tiefen Frieden. Wenn wir hören würden, daß es im Himmel Krieg und Haß gibt, würden wir wohl nicht dorthin wollen. Deshalb betrachten alle Religionen Barmherzigkeit und Liebe als die allerwichtigsten Eigenschaften.

Auf dieser Welt haben sich verschiedene Religionen entwickelt. Diese Religionen fügten sich gegenseitig viel Leid zu. Die eigene Religion wurde als Grund genommen, gegen die Menschen einer anderen Religion vorzugehen. Religionen sind sogar Grund für kriegerische Auseinandersetzungen gewesen.

Warum? Weil es in den verschiedenen Religionen verschiedene Philosophien, verschiedene Theologien gibt. Einige Religionen glauben an einen Schöpfergott, andere vertreten keinen Schöpfergott. Es gibt die verschiedensten Philosophien, die eine Grundlage für Streit zwischen den Religionen bilden. Da diese Unterschiede so grundlegend sind, entsteht Kampf und Streit zwischen den Religionen. Die allermeisten Menschen denken jedoch, daß Streit und Konflikte auf der Grundlage der Religion oder mit der Religion als Hintergrund eine sehr schlechte und armselige Angelegenheit ist.

Ich glaube, eine Vielzahl von interreligiösen Konflikten in der Vergangenheit rührten von der damaligen Lebensweise der Länder her. Früher war es doch oft so, daß Länder für sich lebten, mit ihrer eigenen Kultur, ihren eigenen Lebensgewohnheiten und ihrer eigenen Religion. Anderswo entfalteten sich wieder andere Religionen und Kulturen. Zwischen diesen verschiedenen Religionen und Kulturen gab es praktisch keinen Austausch. Früher konnten Länder relativ autonom leben, ohne viele wirtschaftliche oder kulturelle Beziehungen. Deshalb hielt man am eigenen System, an der eigenen Religion fest. So kam es zu Konflikten mit der Religion oder der Kultur anderer Länder.

Die Ursache der Konflikte liegt wohl darin, daß es zuwenig Verbindungen gibt, zuwenig Austausch zwischen verschiedenen Systemen und Religionen. Um eine persönliche Erfahrung zu schildern: Als ich vor meiner Flucht in Tibet lebte, gab es nur wenig Kontakte zu anderen Ländern, wenig Verbindung zu anderen Kulturen und Religionen. Das führte dazu, daß ich das Gefühl hatte, meine Religion sei die beste, keine andere besäße diesen Wert und zeige solch gute Wirkungen. Als ich nach der Flucht mit Menschen anderer Religionen zusammenkam, empfand ich dies anders. Ich erlebte Menschen, die durch ihre Religion sehr positive Eigenschaften entwickelt hatten. Sie wandten ihre eigene Religion an, setzten diese Geisteshaltung in die Tat um und übten ein ethisches Verhalten entsprechend ihren eigenen religiösen Prinzipien. Diese positiven Eigenschaften erlebte man bei diesen Menschen ganz konkret. Wenn man nicht mehr von den verschiedenen Theorien in den Schriften ausgeht, sondern von dem Resultat, das sich in der Ausübung der Religion zeigt, entwickelt sich eine immer tiefere Wertschätzung der anderen Religion. Ich kam zu der Überzeugung, daß es in jeder Religion möglich ist, ein wirklich guter Mensch zu werden, wenn man die Lehrsätze dieser Religion anwendet. Durch diese Einsicht entsteht eine Achtung und eine Wertschätzung der anderen Tradition.

Heutzutage werden die Verbindungen in der Welt immer enger. Nicht nur zwischen benachbarten Ländern, sondern zwischen ganzen Kontinenten entstehen sehr starke Verbindungen und Abhängigkeiten. Auch die Politik muß diese Abhängigkeiten immer mehr beachten. In der Politik beginnt eine großzügigere Geisteshaltung aufzublühen, eine offenere Sicht gegenüber anderen Ländern und Ideologien. Früher beharrten die Staaten sehr stark auf ihrer Souveränität und Einzigartigkeit. Heute hingegen spürt man immer mehr die Notwendigkeit, eine größere Gemeinschaft zu bilden, um die Probleme gemeinsam zu lösen. Das zeigt sich beispielsweise in Westeuropa sehr deutlich.

Auch für die Religionen ist es nun die richtige Zeit, eine gegenseitige Verbindung zu schaffen und sich kennenzulernen. Wie soll man aber mit den Unterschieden in den Religionen umgehen?

Man muß sich fragen, wie es zu diesen Verschiedenheiten gekommen ist. Bei den Menschen gibt es so viele unterschiedliche Neigungen, Vorlieben und Veranlagungen. Eine einzige Religion könnte all diesen Veranlagungen und Neigungen der unterschiedlichsten Menschen kaum gerecht werden. Deshalb sind die vielen verschiedenen Religionen mit den unterschiedlichen Philosophien und Ansichten sehr vorteilhaft. Selbst in einer einzigen Religion gibt es verschiedene Wege, verschiedene Anschauungen. Nehmen wir den Buddhismus: Obwohl diese Religion von einem einzigen Lehrer, von Buddha, stammt, gibt es doch Aussagen, die sich auf den ersten Blick widersprechen. Ein Beispiel: Buddha hat einmal gelehrt, daß es ein Selbst gibt, und an einer anderen Stelle sagte er, es gäbe kein Selbst. So finden sich eine Vielzahl weiterer Aussagen, die sich auf den ersten Blick widersprechen. Nur so konnte aber Buddha auf die vielen verschiedenen Neigungen und Anlagen der Menschen eingehen. Genau dasselbe gilt für die verschiedenen Religionen: Ihre Unterschiedlichkeit ist äußerst hilfreich.

Es gibt Religionen, die an einen Schöpfergott glauben. Man entwickelt hier den Glauben, daß alles Glück und Leid, das man erfährt, von Gott stammt. Auf der anderen Seite existieren Religionen, die nicht an einen Schöpfergott glauben (beispielsweise der Buddhismus oder der Jainismus). Hier ist der Mensch selbst für sein Glück und sein Leid in der Zukunft verantwortlich. Es gibt Menschen, denen der eine Glaube mehr hilft und eine größere Wirkung erzielt als der andere. Dennoch steuern beide auf ein einziges Ziel hin: ein besserer Mensch zu werden, ein Mensch, der in sich Eigenschaften wie Liebe und Mitgefühl entwickelt. Das ist das Ziel der verschiedenen Arten von Glauben. Wenn nun der eine sinnvoller und wirkungsvoller ist als der andere, soll der einzelne Mensch doch die Möglichkeit haben, den Glauben zu leben, der für ihn der beste ist. Also ist es klar, daß es sehr vorteilhaft und sogar notwendig ist, verschiedene Religionen zu haben. Es ist ja auch unmöglich, jedem kranken Menschen mit derselben Medizin zu helfen. Unterschiedliche Kranke mit unterschiedlichen Krankheiten brauchen auch verschiedene Medizinen.

In den einzelnen Religionen sind ganz besondere und einzigartige Wege entwickelt worden, die den Menschen helfen, sich zu verbessern. Das ist etwas, was wir uns vor Augen halten müssen bei unserem gegenseitigen Kennenlernen. Das Wesentliche in allen Religionen ist, daß der Mensch durch die Ausübung seiner eigenen Religion ein besserer Mensch wird, d. h., daß er die Eigenschaften von Liebe und Barmherzigkeit in sich entwickelt. Das ist das eigentliche Ziel aller Religionen. Es gibt zwar Unterschiede, wie zum Beispiel verschiedene Vorstellungen vom Paradies und von der Befreiung, aber das sind Geringfügigkeiten gegenüber dem eigentlichen, wesentlichen Ziel, das alle Religionen verfolgen: die Entwicklung von Liebe und Mitgefühl.

So kann man sagen, daß die Besonderheiten, die es in einzelnen Religionen gibt, die Sache des Individuums, des Einzelnen ist. Nur die Entwicklung von Barmherzigkeit, Mitgefühl und Liebe im eigenen Herzen ist das Ziel, das uns alle gleichermaßen angeht.

Wenn wir einmal diese Vision von echter Liebe durch die Anwendung unserer Religion entdeckt haben, dann können wir als einzelne Person in Ruhe mit unserem persönlichen Weg das gemeinsame Ziel anstreben. Heiße das Ziel nun Befreiung oder Paradies oder Himmel: Wenn wir diese gemeinsame Grundlage von Liebe außer acht lassen wollten und mit einem Geiste voller Haß und Ärger versuchen wollten, das Paradies oder den Himmel oder die Befreiung zu erlangen, so wäre das doch unmöglich.

Wenn wir ein echter Nachfolger, ein echter Gläubiger sein wol-

len in unserer eigenen Religion, dann müssen wir das Leben unseres Religionsgründers als Beispiel nehmen. Betrachten wir nun die verschiedenen Gründer der Religionen, z. B. Buddha, Mahavira oder Jesus Christus und denken an ihr Leben, dann sehen wir, daß es bei allen von tiefer Barmherzigkeit für die anderen Menschen gekennzeichnet war. Alle haben ihr eigenes Glück völlig außer acht gelassen, um nur das Wohlergehen der anderen Menschen zu erreichen. Wenn wir nun als Nachfolger dieser Religionsstifter untereinander Streit und Krieg beginnen, dann stimmt das überhaupt nicht mit der Absicht und dem Leben der Gründer überein. Dann ist es ein wirklich armseliges Verhalten, das wir an den Tag legen.
Es gibt sehr viele Konflikte in der Welt, die aufgrund ideologischer, finanzieller oder materieller Dinge entstehen. Selbst in der Familie gibt es immer wieder Konflikte und Streitigkeiten. Religionen sollten doch eigentlich als Mittel dienen, diese Streitigkeiten und Konflikte zu besänftigen und die verschiedenen Parteien zu beruhigen. Die Religionen reden sehr viel von Vergebung, Geduld und Toleranz. Wenn nun Menschen die Religion als Mittel zum Streit statt zu Konfliktlösungen benutzen, so ist das für sie ein beschämendes Zeugnis. Deshalb ist es wichtig, daß wir als religiöse Menschen versuchen, ein gutes Verhältnis zueinander zu schaffen und die Religionen als Mittel zu benutzen, Konflikte in der Welt zu lösen.

Dalai Lama

Gewaltlosigkeit und Weltfrieden

Ich möchte über Gewaltlosigkeit sprechen, über ihre Natur und ihr Wesen. Was ihr Wesen angeht: Ich glaube nicht, daß man Gewaltlosigkeit als bloße Abwesenheit von Gewalt beschreiben kann, denn Gewaltlosigkeit ist eine bestimmte Geisteshaltung im Menschen. Ich betrachte Gewaltlosigkeit als eine geistige Eigenschaft, die stark mit Liebe und Barmherzigkeit verbunden ist.

Es gibt verschiedene Verhaltensweisen. Es gibt ein Verhalten, das zwar nach außen freundlich wirkt, innen aber von negativen oder böswilligen Gedanken ausgeht. Auf der anderen Seite kann ein Mensch nach außen streng erscheinen oder gar zornig wirken, innerlich aber geht er von einer Haltung der Liebe und des Mitgefühls und von einem altruistischen Gedanken aus. Deshalb ist Gewaltlosigkeit letztlich eine bestimmte Geisteshaltung, die auf die Motivation des Menschen zurückgeht und nicht auf sein äußerliches Verhalten. Man kann sogar sagen, daß Gewaltlosigkeit ein Ausdruck des Mitgefühls im Menschen ist.

Gewaltlosigkeit ist besonders in unserer Zeit ein wichtiger Faktor. Viele Menschen denken, daß Gewaltlosigkeit und die damit einhergehenden Eigenschaften von Liebe und Barmherzigkeit allein zur Religion gehören. Sie glauben, daß Gewaltlosigkeit nur für religiöse oder gläubige Menschen bestimmt ist. Dem kann ich nicht zustimmen. Ich glaube, daß Gewaltlosigkeit, Liebe und Mitgefühl für die Zukunft der Menschheit über-

haupt entscheidend sind und deshalb nicht nur zur Religion gehören dürfen.
Die Welt kann nur durch eine liebevolle und barmherzige Haltung und somit durch Gewaltlosigkeit geschützt werden. Es ist unmöglich, die Welt zu bewahren, wenn unsere innere Haltung von Haß und Gewalt bestimmt ist. Besonders heute, wo wir eine große materielle und technische Entwicklung erleben und der Mensch große Macht in seiner Hand hält, ist die Geisteshaltung von Liebe und Gewaltlosigkeit wichtig. Deshalb sind Gewaltlosigkeit, Liebe und Mitgefühl nicht bloß moralische Anliegen, sondern heute eine Überlebensfrage.
Wir haben oft das Gefühl, Moral sei zwar gut – sie schaffe einen besseren Menschen –, aber es ließe sich auch ohne Moral ganz gut leben. Gewaltlosigkeit darf heutzutage aber nicht nur eine moralische Angelegenheit sein, denn schließlich geht es um unser eigenes Überleben. Nur wenn wir eine Moral der Gewaltlosigkeit üben, können wir auf diesem Planeten überleben.
Unsere persönliche Lebensführung im Verhalten zu unserer Umwelt kann gewalttätig oder gewaltfrei sein. Wenn wir bescheiden und vernünftig leben und den natürlichen Ressourcen der Erde Sorge tragen, stehen wir im Einklang mit der Natur. Diese Art von Leben ist frei von Extremen. Wenn wir uns so verhalten, können wir für lange Zeit glücklich auf diesem Planet leben. Ein solches Leben ist auch eine Form von Gewaltlosigkeit. Verfallen wir in ein Extrem, achten nicht auf unsere Umwelt und beuten die Ressourcen der Erde immer weiter aus, dann entstehen neue Krankheiten und all die Probleme, die wir so gut kennen. Wir üben damit eine Form von Gewalt aus.
Sicher kommen uns Zweifel. Es ist zwar schön, über Mitgefühl und Gewaltlosigkeit zu sprechen, aber ist es auch möglich, sie in der Realität zu praktizieren?

Für mich ist diese Frage so zu beantworten: Gewalt ist in der menschlichen Geschichte immer wieder aufgetreten. Man kann sogar sagen, daß Gewalt ein Teil des menschlichen Verhaltens ist. Wenn man aber die grundlegende Natur des Menschen betrachtet, so scheint sie dennoch auf Liebe und Zuneigung begründet zu sein. Die Natur des Menschen, sein eigentliches Wesen ist Liebe und Mitgefühl. Schauen wir das Leben eines Menschen von der Kindheit bis zum Alter und Tod an. Er ist das ganze Leben lang von der Zuneigung anderer Menschen abhängig.

Mediziner sagen heute, daß die ersten Wochen nach der Geburt ausschlaggebend für die weitere Entwicklung eines Kindes sind. Viele betrachten die liebevolle Berührung einer Person, beispielsweise der Mutter oder einer anderen Bezugsperson, als ausschlaggebenden Faktor für das gesunde Wachstum und die Entwicklung des kindlichen Hirns.

Betrachten wir den weiteren Werdegang eines Kindes. Wenn ein Kind in einer Familie aufgezogen wird, in der eine Atmosphäre von Zuneigung, Liebe und Mitgefühl herrscht, so beeinflußt das die geistige Entwicklung dieses Kindes stark. Es wird körperlich gesünder sein und in der Schule besser lernen können. Wächst hingegen ein Kind in einem Umfeld von Abneigung, Streit und Haß auf, wirkt sich das negativ auf die geistige Entwicklung und sogar auf die körperliche Gesundheit des Kindes aus.

Wir alle wissen aus eigener Erfahrung: Wenn wir in der Schule oder in der Ausbildung von einem Lehrer getadelt wurden, der es gut mit uns meinte, hat das uns nicht verletzt. Die Unterrichtsstunden eines solchen Lehrers prägten sich tief in unser Gedächtnis ein. Wenn wir aber das Gefühl hatten, der Lehrer sei mit Abneigung gegen uns erfüllt und habe uns nicht wirklich gern, dann werden seine Stunden nicht in unserem Gedächtnis haften bleiben. Und das, obwohl es der gleiche Unterricht ist! Wir haben also ein natürliches Bedürfnis nach Liebe und Zuneigung, wir sind überall darauf angewiesen.

Ein negativ eingestellter Mensch, der anderen Menschen Leid zufügt und sich verletzend benimmt, richtet auch in der Politik viel Unheil an. Tritt man aber diesem Menschen mit echter, offener Zuneigung und Liebe entgegen, wird auch in diesem unzufriedenen Gesicht eine innere Freude und ein Glücksgefühl aufstrahlen. Meiner Meinung nach ist das ein deutliches Zeichen für das tiefe Bedürfnis nach Liebe und Mitgefühl im Grunde unseres Wesens.

Als Neugeborene sind wir noch unbeeinflußt und frei von Ideologien und Religionen. Nie sind wir aber frei von einem Bedürfnis nach Zuneigung und Liebe.

Mitgefühl bewirkt aber noch etwas anderes: Es stärkt den Geist und die Willenskraft. Wenn man mit Mitgefühl und Zuneigung auf einen anderen Menschen zugeht, wenn man ihm mit einer offenen Haltung entgegentritt, dann wird ihm das Mißtrauen genommen. Es entwickelt sich eine harmonische Kommunikation mit der anderen Person, die auf Vertrauen und Offenheit basiert. Dadurch verschwinden Ängste aus der Beziehung. Für sich selber entwickelt man mehr Selbst-Sicherheit, Selbst-Vertrauen und Willenskraft.

Wie bereits gesagt, stehen uns heute durch die technologische Entwicklung mächtige Werkzeuge und destruktive Waffen zur Verfügung. Setzen wir dem Haß und der Böswilligkeit im Menschen nicht Liebe, Mitgefühl und Gewaltlosigkeit entgegen, dann können wir nicht verhindern, daß dieses destruktive Potential eingesetzt wird. Aus diesem Grund gibt es für uns nur eine Alternative: den Weg der Gewaltlosigkeit zu gehen.

In dieser Epoche haben wir erfahren, wieviel Leid die Waffen in unsere Welt tragen können. Wir wissen, welche Angst wir vor dem Einsatz dieser Waffen haben müssen. Aus dieser Furcht heraus hat sich ein tieferes Verlangen nach einem gewaltlosen Weg entwickelt. Betrachten wir die Veränderungen in der Welt, von den Philippinen bis zu Chile und von Osteuropa bis in die Sowjetunion, so sehen wir strenge, totalitäre Regimes zusammenbrechen. Wir sehen, wie dies durch das gewaltfreie Handeln der Menschen in diesen Ländern geschieht. Sie erkämpfen sich ihre Freiheit auf der Grundlage von Liebe und Gewaltlosigkeit.

Sicher ist die Weltsituation heute ganz anders als früher, unsere Möglichkeiten sind gewachsen. Die Oktober-Revolution wurde einst mit Gewalt ausgetragen. Bei der jetzigen August-Revolution war nun das Gegenteil der Fall. Sie wurde mit dem Willen nach Freiheit und Demokratie ausgefochten. Die Menschen standen ohne Gewalt für ihre Ideale ein. Als Zeichen dafür standen die Blumen, die in die Gewehr- und Kanonenläufe der Panzer gesteckt wurden. Dort, wo normalerweise die Kugeln herausgeschossen werden, steckten sie ihre Blumen hinein. Ein klares Symbol für den gewaltlosen Kampf nach Freiheit.

Vor zehn Jahren habe ich meine Gedanken in einer ähnlichen Weise vorgetragen. Ich habe auch damals auf die Notwendigkeit von Liebe, Mitgefühl und Gewaltlosigkeit hingewiesen. Ich wurde vielleicht als Idealist abgetan. Heute können diese Ideen nicht mehr einfach als purer Idealismus verurteilt werden.

So denke ich, daß sich die Welt geändert hat. Diese Veränderung wirkt sich in allen Bereichen positiv aus. Wir Menschen erhalten die Gelegenheit, unser Leben auf ein echtes Vertrauen und auf Gewaltlosigkeit zu bauen.

Natürlich gibt es in uns negative Emotionen, von Haß und Abneigung bestimmte Gedanken. Diese können sich aber nur zerstörerisch auswirken, wenn wir ihnen die entsprechenden Mittel, die dafür nötigen Waffen in die Hand geben. Um dieser Gefahr vorzubeugen, müssen wir gleichzeitig mit der inneren, geistigen Abrüstung eine äußere Abrüstung der Waffen vornehmen.

Die Zeit für diese innere und äußere Abrüstung ist gekommen. Im Verhältnis zwischen Ost und West spielten nukleare Waffen eine große Rolle, für eine gewisse Zeit haben sie sogar den Frieden aufrechterhalten. Dieser Abschreckungsfrieden war aber kein echter und dauerhafter Frieden. Diese Waffen sollten jetzt abgeschafft werden.

Der Frieden zwischen Ost und West war ein Frieden, der auf Furcht begründet war. Er war durch gegenseitiges Mißtrauen geprägt. Für mich war dieser Frieden nicht echt. Der Frieden, der jetzt nach dem Fall der Berliner Mauer entsteht, wächst auf dem Boden von gegenseitigem Vertrauen. Ich betrachte ihn als einen echten Frieden. Echter Frieden hängt stark mit der Entwicklung von Mitgefühl zusammen und ist auf die innere, positive Einstellung angewiesen.

Unser Ziel sollte eine totale, weltweite Abrüstung sein. Wir sollten versuchen, dieses Ziel zu erreichen. Die echte und vollständige Abrüstung kann nur Schritt für Schritt erfolgen. Als erstes muß der Handel mit Waffen aufhören. Ich erachte Waffenhandel als äußerst schlecht und schändlich. Aus diesem Geschäft läßt sich zweifellos großer Profit schlagen. Geld kann man aber auch ohne Waffen machen. Die Japaner exportieren jedenfalls keine Waffen und verdienen dennoch viel Geld.

In einem zweiten Schritt sollten alle Atomwaffen abgeschafft werden. Anschließend könnten die anderen offensiven Waffen eliminiert werden, die Länder würden sich dann auf reine Ver-

teidigung stützen. Später könnten alle nationalen Armeen abgeschafft werden. Sicher kann man davon ausgehen, daß unter den Milliarden von Menschen in der Welt einige Böses im Sinn haben. Um diese im Zaum zu halten, könnten internationale Truppen gebildet werden. Als Vorstufe dafür wäre es möglich, regionale Truppen zu bilden, die nicht zu einem bestimmten Land gehören.
Als vor Jahren ernsthafte Gespräche von Atomwaffenabrüstung begonnen haben, sagte mir ein Freund folgendes: «Es ist leicht möglich, eine gegenseitige Waffenkontrolle einzurichten, wenn der politische Wille dazu vorhanden ist. Fehlt es an politischem Willen, kann diese nie erreicht werden.» Aus diesem Grund werden kleine Differenzen zu großen Streitpunkten aufgebauscht, damit kaum überwindbare Hindernisse entstehen. Wenn eine echte Abrüstung in der Welt unser Ziel ist und wir ernsthaft versuchen, dieses Ziel Schritt für Schritt zu verwirklichen, dann müssen wir den politischen Willen dafür entwikkeln. Erst dann haben wir eine realistische Chance, unser Ziel zu erreichen.
Die Herstellung von Waffen nimmt viele Menschen in Anspruch und verbraucht unsere Ressourcen. Die menschlichen Arbeitskräfte und die natürlichen Güter könnten für andere, notwendigere Dinge eingesetzt werden. Es gibt große Unterschiede zwischen Arm und Reich, und das, obwohl wir auf einem einzigen Planeten zusammenleben. In einigen Kontinenten, nehmen wir Afrika, sterben die Menschen an Hunger und an Krankheiten wie AIDS. Auch umweltpolitisch und ökologisch gibt es dort viele Schwierigkeiten. Diese erfordern unseren Einsatz und alle finanziellen Mittel, die wir zur Verfügung haben. Wenn nun ein Großteil unserer Mittel für destruktive Dinge wie Waffen verwendet wird, ist das schlecht.

Sie denken vielleicht, meine Worte seien vermessen. Ich glaube aber, daß es Millionen von Menschen auf der Welt gibt, die ähnliche Gedanken haben und diese ebenfalls zum Ausdruck bringen wollen. Sie haben aber keine Stimme, um es auszusprechen. Deswegen will ich diese Gedanken im Namen dieser Menschen vortragen. Durch die vielen Gleichdenkenden habe ich das Selbstbewußtsein, dies alles auszusprechen.

Der Religion kommt hier eine besondere Bedeutung zu. Die verschiedenen Religionen müssen ihre gemeinsame Verantwortung erkennen. Deshalb ist es wichtig, daß sie in Harmonie miteinander leben und miteinander sprechen. Sicher gibt es große Unterschiede zwischen den Religionen, aber wenn man offen aufeinander zugeht und den Wunsch hat, sich ehrlich auszutauschen und voneinander zu lernen, dann entdeckt man viele Übereinstimmungen. Ich bin sicher, daß sich eine große gemeinsame Basis finden ließe. Die Religionen könnten diese Basis in den Dienst der positiven Entwicklung in der Welt stellen.

Auch wir Tibeter müssen und wollen einen Beitrag zur weltweiten Abrüstung leisten und die echte Friedensentwicklung fördern. Damit wir dieser Verantwortung nachkommen und durch unsere Kultur und Religion die Aufgabe erfüllen können, ist ein freies Tibet nötig. Dort könnten wir diese Werte entwickeln und leben. Das Ziel von mir und den Tibetern ist es, unser Land zu einem Gebiet des Friedens zu machen, zu einem freien Land, in dem die Menschen auf der Basis ihrer religiösen und kulturellen Werte friedlich zusammenleben. Wir wollen dieses Ziel auf dem gewaltlosen Weg, auf dem Weg des Dialogs erreichen.

Wir alle sind Menschen, wir leben zusammen auf diesem Planeten. Deshalb haben wir alle eine Verantwortung für die positive

Entwicklung der Menschheit und für die Zukunft dieses Planeten zu tragen. Ich möchte Sie bitten, diese Verantwortung zu tragen, sie wahrzunehmen und sich für die guten Ziele der Menschheit einzusetzen.

Eugen Drewermann

Christentum und Buddhismus

Liebe ist stärker als Gewalt

Meine lieben buddhistischen und christlichen Schwestern und Brüder. So darf ich Sie anreden, denn das sind Sie infolge der Tatsache, daß Sie alle sich dessen bewußt sind, daß wir eintreten müssen in eine Weltgeschwisterlichkeit aller Menschen guten Willens, gleich welcher Religion, Konfession oder, schlimmer, Ideologie.

Meine Bekehrung zum Buddhismus

Um die Wahrheit zu sagen, begann meine Bekehrung zum Buddhismus im Alter von 16 Jahren. Man diskutierte damals in der Bundesrepublik über die Wiederbewaffnung, und es war die katholische Kirche, die vom Papst herab bis zum Vikar erklärte und zur Pflicht vorgab, daß kein Katholik ein Recht habe, sich auf sein Gewissen zu berufen und den Wehrdienst zu verweigern. Ich wußte damals nicht, ob es einen Gott im Himmel gibt. Ich wußte nur: wenn es einen Gott im Himmel geben würde, dann würde er dagegen sein, daß Menschen das Töten lernen gegen Menschen.
Ich litt damals an vielem: an der Not in Biafra, dem Massenelend im Kongo und in Indien. Ich quälte mich entsetzlich über den Anblick der Hasen und der Rebhühner, die in der Vorweihnachtszeit, blutig noch, von den Delikateßläden ausgehängt

wurden, um Appetit zu machen und Festtagsfreude zu verbreiten. Und am allermeisten litt ich unter den Leuten, die an all dem überhaupt nicht litten und es ganz normal fanden und sich zuprosteten und lachten bei dem Gedanken, wie ein Lebewesen lebt von anderen Lebewesen und wie ab und an Menschen zu Hunderttausenden andere Menschen töten, nur um den Verlauf einer Grenze festzulegen oder um die Willkür der Mächtigen zu befriedigen.
Inmitten der katholischen Kirche gab es damals erlaubterweise niemanden, der auch nur ein Problem darin gesehen hätte, daß diese Welt so blutig und so roh ist wie der Schlachthof von Paris. Sie sahen Gottes Willen sich erfüllen in dem Massenelend der Tiere, und sie sahen selbst in einem Atomkrieg gegen Rotchina oder Sowjetrußland einen möglichen Ausweis des Gerechtigkeitswillens Gottes.
Ich selbst aber empfand mich vollkommen allein mitten in meiner eigenen mir angestammten Religionsform. Da gab es eine Wahrheit, eine menschliche Evidenz des Mitleids mit den Tieren, mit den Menschen, aber es durfte sie nicht geben im Namen eines bestimmten Gottesbildes, nicht geben im Namen einer bestimmten tradierten Theologie, nicht geben im Namen einer ganzen Vielzahl für heilig gesetzter Autoritäten. Ich war damals, wie gesagt, 16 Jahre alt, als ich beschloß, mir nicht länger mehr religiöse Gefühle und moralische Klarheiten von außen vorschreiben zu lassen, und ich hatte keinen Geschmack mehr an einer Gemeinde von Gläubigen, die zusammengehalten wird wesentlich durch Angst, Anpassung und erzwungene Meinungskonformität. Ich wollte diesen Gott nicht, der mich zwang, meine besten Gefühle zu verleugnen und meine besten Gedanken zu ersticken, und ich fing an, eine Gemeinschaft von Gläubigen zu hassen, deren Glauben nur lediglich in befohlener Gedanken-

losigkeit und verordneter Gefühlsabstumpfung zu bestehen schien.

In diesem Durcheinander von Geist und Gefühl geriet ich an ein kleines Büchlein, eine Auswahl der Schriften Arthur Schopenhauers, herausgegeben von Reinhold Schneider. Da schrieb in der Einleitung dieser große, leidende Dichter eines unleidlichen Katholizismus: Für Schopenhauer war es ein Argument des Atheismus, einer Bettlerin ansichtig zu werden auf den steinernen Stufen der Kathedrale von Lissabon. Oder mitzuerleben, wie ein Eichhörnchen gejagt wird von einem Bussard. Und am schlimmsten, hören zu müssen das schmerzende Triumphgeschrei der Sieger auf den Schlachtfeldern Asiens und Europas, immer im Bewußtsein, dem Recht, der Moral und schließlich sogar Gott zum Sieg verholfen zu haben.

Es war das erste Mal, daß ich die Beseitigung bestimmter Gottesbilder als eine innere Befreiung empfand, und ich war einer Weltsicht dankbar, in deren Mittelpunkt die Frage nach der Erlösung von dem Leid der Kreaturen und dem kreatürlichen Leiden stand. Ich freute mich für eine neue Perspektive der Weltbetrachtung, die es nicht mehr zu tun hat mit einem Bündel von Vorschriften über die Menschen, wohl aber mit einem grundgütigen Mitleid mit aller Kreatur. Es war zum ersten Mal für mich die Frage: Wie befreit man die leidenden Kreaturen von den Bedingungen der Existenz und uns Menschen von den Bedingungen der kreatürlichen Existenz selber? Der Weg zur Lehre des Siddharta Gautama Buddha war nicht mehr weit.

Noch heute hängen in meinem Arbeitszimmer die Photographie einer Khmer-Plastik aus dem 11. Jahrhundert, entstammend dem Musée Guimet in Paris. Ein offenes, ruhiges, heiteres Menschenantlitz schaut da den Betrachter an, in einem Mandala aus Frieden und Versöhnung. Welch eine Sehnsucht nach dem

Buddha ergriff mich damals! Das war für mich ein überwältigender Eindruck. Hier war es erlaubt nicht nur, hier war es ein selbstverständliches Gebot, universelles Mitleid und universelles Wohlwollen zu hegen gegenüber allen Lebewesen! Hier gab es eine Kultur des Nichtverletzens, des *ahimsa*, der Gewaltlosigkeit. Endlich begegnete ich einer Kultur, die nicht an den Rändern bestimmter Anweisungen, sondern in ihrem Zentrum den Gedanken und das Handlungsprinzip des *ahimsa* pflegt, des Nichtverletzens, Tieren gegenüber, Menschen gegenüber, einer Gewaltlosigkeit, die den Worten nach auch in der Bergpredigt betont wird, aber nie wirklich die christlich-abendländische Kultur bestimmt hat.

Da bildete die Friedfertigkeit des menschlichen Herzens und das Verständnis der vielfältigen Gründe für Irrtum, Fehlidentifikation, Täuschung und Gewalt den Teil einer erhabenen Weisheitslehre, die alle metaphysischen Theorien über das Göttliche verabscheute, dafür aber die Wahrhaftigkeit und Lauterkeit des Lebens als den rechten Weg der Wahrheitssuche erklärte. Da war es nicht nur erlaubt, sondern evidente Selbstverständlichkeit, ein universelles Mitleiden und Mitfühlen gegenüber allen leidensfähigen Kreaturen zu pflegen und zu üben als eine alltägliche Meditation. Und ich begegnete in der Gestalt des Buddha einem Weisen, der hart gewordene Theologenmeinungen als nutzlos betrachtete, dem es einzig darum ging, die Wahrhaftigkeit des menschlichen Lebens zu pflegen durch eine ruhige Aufklärung der falschen Identifikationen, des inneren Trugs der Weltwirklichkeit gegenüber, der vielfachen Täuschungen unserer Sinne, der immer bereit war zu verstehen statt zu verurteilen, zu beruhigen, statt aufzuregen, und zu suchen. Es war eine Wahrheit, die so offen noch nie vor Menschenaugen lag.

Buchstäblich nahm ich damals meine Zuflucht zum Buddha,

zum *dhamma,* zu seiner Lehre. Und daß ich bis heute, unentschlossen, meine Zuflucht nicht nahm zum *sangha,* zur buddhistischen Gemeinde, liegt einzig an der Überzeugung, daß es fast gleichgültig sei, welch einer Religionsform jemand äußerlich zugehört, wenn er denn sie nur lebt. Und die Gewißheit ist mir geblieben. Wir, die wir uns Christen nennen, müßten weit buddhistischer werden, um christlicher zu sein. Das Umgekehrte mag ich aus eigener Erfahrung so nicht sagen. Ich hege freilich die Vermutung, daß es *auch* stimmt und jedenfalls im Sinn des Dalai Lama gesprochen ist: Man müßte christlicher sein, um noch besser Buddhist zu werden.

Wie verhält es sich mit der Gutgläubigkeit der tibetanischen Lamaisten, die ihr friedliches theokratisches Priesterreich im Erbe der weisen Lehre des Buddha durch ein Leben in Abgeschiedenheit und Stille aus den Händeln der Weltpolitik herauszuhalten suchten? Der Dalai Lama wollte selbst nach dem erbarmungslosen und machthungrigen Einfall der Rotchinesen nicht daran glauben, daß der große Vorsitzende Mao Tse-tung, den er so oft persönlich gesprochen hatte, den Befehl zur Invasion und zur systematischen und konsequenten Zerstörung der buddhistischen Religion und Kultur in Tibet gegeben haben könnte. Aber es war so.

Im Jahre 1962 war es, daß ich das Buch seiner Heiligkeit, des Dalai Lama: *My Land and my People* (New York, 1962; dt.: *Mein Leben und mein Volk. Die Tragödie Tibets,* München-Zürich 1962), in die Hand bekam. Darin beschreibt er aus eigener Anschauung, wie durch die rotchinesischen Okkupanten ein ganzes Volk kulturell und ethnisch verwüstet und vernichtet werden soll, wie man die Klöster plündert, die Mönche schändet und beginnt, das Volk im Geiste des Leninismus und Marxismus umzuerziehen. Am 9. September 1959 schrieb der Dalai

Lama von Neu Delhi aus an den Generalsekretär der UNO folgende Worte:
«Exzellenz! Wir beziehen uns höflich auf den Beschluß des Lenkungsausschusses der Vollversammlung der Vereinten Nationen vom Freitag, dem 24. November 1950, daß die Behandlung der Klage von El Salvador wegen ‹Invasion Tibets durch ausländische Kräfte› zurückgestellt werden sollte, um den Parteien Gelegenheit zu einer friedlichen Regelung zu geben. Mit tiefstem Bedauern muß ich Sie davon in Kenntnis setzen, daß der Akt der Aggression wesentlich ausgeweitet worden ist mit dem Ergebnis, daß praktisch ganz Tibet durch chinesische Streitkräfte besetzt ist... Unter diesen Umständen und in Anbetracht der unmenschlichen Behandlung und der Verbrechen gegen die Menschlichkeit und die Religion, denen das tibetische Volk unterworfen ist, bitte ich um sofortige Intervention... Sie (sc. die Chinesen, d.V.) haben Tausenden von Tibetern ihre Habe weggenommen, haben sie des Lebensunterhaltes beraubt und sie so in Tod und Verzweiflung getrieben... Männer, Frauen und Kinder sind in Arbeitsgruppen gepreßt und gezwungen worden, ohne Bezahlung oder mit einer Bezahlung, die eine solche nur dem Namen nach ist, an militärischen Bauten zu arbeiten... Sie haben grausame und unmenschliche Maßnahmen ergriffen zu dem Zweck, Männer und Frauen zu sterilisieren in der Absicht, die tibetische Rasse vollkommen auszulöschen... Tausende unschuldiger Menschen in Tibet sind brutal umgebracht worden... Viele führende tibetische Bürger sind ohne Ursache und Rechtfertigung ermordet worden... Es ist jeder denkbare Versuch gemacht worden, unsere Religion und Kultur zu vernichten. Tausende von Klöstern sind dem Erdboden gleichgemacht, heilige Bilder und Kultgegenstände vollkommen zerstört worden. Leben und Eigentum sind

nicht mehr sicher, und Lhasa, die Hauptstadt des Staates, ist eine tote Stadt. Die Leiden, die mein Volk erduldet, sind unbeschreiblich, und es ist dringend notwendig, daß diese absichtliche und rücksichtslose Ausrottung meines Volkes unverzüglich beendet wird.»

Da Tibet kein Mitglied der UNO war, ging die barbarische Annexion Tibets die Vereinten Nationen auch nichts an, und bald schon einigte man sich politisch auf die Meinung der rotchinesischen Propaganda, daß Tibet ein altes chinesisches Kulturland sei und man es einer werdenden Großmacht bei dem großen «Sprung nach vorn» nicht verwehren könne, die Leerräume ihrer Interessengebiete zu besetzen. Noch neun Jahre später blieb das Bittgesuch des Dalai Lama an die UNO ungehört. Im nepalesischen Kathmandu, im indischen Benares und in der Schweiz kann heute der westliche Reisende die versprengten Flüchtlinge des letzten Reiches ohne Waffen besichtigen, die aussterbenden Zeugen der immer wieder bewiesenen menschlichen Unfähigkeit, das menschlich Wertvolle und Kostbare, wo schon nicht nachzuahmen, so doch wenigstens zu respektieren und zu schonen.

Der Dalai Lama ist das geistige und weltliche Oberhaupt der Tibeter. Gerade das ist er im Sinne seiner eigenen Religion. Der Buddhismus hat die Doppelzüngigkeit und Doppelbödigkeit zwischen Weltlichem und Geistigem nie verstattet, mit der wir im Christentum an einem Sonntag im Januar des Jahres 1991 beten können für den Frieden, um am Donnerstag der gleichen Woche amtlicherseits kirchengemäß zu erklären, daß ein Krieg, der Hunderttausenden von Menschen das Leben kosten wird, rechtens und unausweichlich ist.

Seit den Tagen des Kaisers Ashoka (272 vor Christus) hat der Buddhismus es vermocht, die Mächtigen und Regierenden in die Pflicht zu nehmen, daß sie der Gewalt abschwören und dem Prinzip des *ahimsa* bedingungslos sich verpflichten. Dann aber müssen wir wählen und müssen uns fragen, woran wir wirklich glauben: an die Macht des Geldes oder an die Macht des Geistes. Ihr könnt nicht Gott und des Mammons Knechte sein, heißt es in der Bergpredigt.

Als 1983 seine Heiligkeit, der Dalai Lama, nach München eingeladen werden sollte zu einer Veranstaltung, wurde aus der Staatskanzlei in München unter Federführung von F. J. Strauß umgehend die Einladung storniert. Man fürchtete sich, den prosperierenden Handel mit Rotchina in Einbuße laufen zu sehen. Wir könnten vom Buddhismus lernen, daß man weder das Herz noch die Zunge eines Menschen spalten darf, wenn man wirklich dem Wohl der Menschen dienen will. Als der Buddha zur Welt kam – er war die irdische Inkarnation des Bodhisattva Avalokiteshvara, des «Herrn, der gütig herabblickt» –, ward ihm verkündet, daß er zwischen zwei Wegen werde sich entscheiden müssen: entweder er werde groß sein an Macht als König oder groß sein an Weisheit als Lehrer der Menschheit – der Weg zur Güte, der Weg zur Wahrheit ist anscheinend nicht vereinbar mit dem Weg der Machtgewinnung und der Machtausübung.

Ich bin sehr glücklich, erleben zu können, daß seine Heiligkeit acht Jahre später in Zürich sprechen durfte. Und ich glaube, in Ihrer aller Namen zu sprechen, wenn ich seine Heiligkeit, den Dalai Lama, frage: Was ist mit Deinem Volk, ihm versichern zu können glaube: Wir, die wir hier sind, werden unser Mögliches tun, gleich an welchem Platz, geltend zu machen den Freiheitsanspruch des tibetischen Volkes, ob in der Schrift, ob in der Predigt, ob in der Politik, ob in den Zugangswegen der Wirtschaft: mächtig ist ein Volk, das weiß, was es will, und ohn-

mächtig sind die Tyrannen. Es ist altasiatische Weisheit: Das Wasser ist stärker als der Stein.
Insofern möchte ich in dieser Feierstunde, in diesem Gottesdienst, seiner Heiligkeit, dem Dalai Lama, von Herzen danken für ein jahrzehntelanges Beispiel eines Führertums des Geistes, seines Adels an Weisheit und seiner Güte und Gelassenheit angesichts seines Volkes im Elend und Exil, in Unterdrückung und Heimatlosigkeit, in Entrechtung und despotischer Abhängigkeit. Ich danke ihm für die Art und Weise, wie er mit einer fast kindlichen Güte, Freundlichkeit, menschlichen Wärme, einem unglaublichen Charme zum Missionar des Lebens wird, quer durch Europa. Wir danken ihm vor allem für die stille Geduld und die hoffende Gelassenheit in all diesen Jahren des Schreckens, und wir lernen, daß es auf der Höhe des Himalaya möglich war, eine Religion und Kultur des langsamen Reifens zu errichten, die integrierend, nicht dissoziierend auf die Psyche des Menschen wirkt, die die Gewalt verabscheut und die es erlaubt, das Glück eines Menschen zu definieren als eine wohlgelungene Mischung aus Friedfertigkeit und Güte, aus Engagement, Ruhe, geistiger Klarheit und sich verströmender Liebe.

Das Zentrum jeder Religion ist das Gebet. Und so möchte ich die Probe aufs Exempel machen, inwieweit es uns gelingen mag, als Buddhisten und als Christen das Herzstück christlichen Gebetlebens, das «Vater unser», so zu sprechen, daß es gemeinsam sagbar und sprechbar wird, daß es als eine gemeinsame Sehnsucht und Hoffnung aller Menschen guten Willens erfahrbar wird. Denn dies darf nicht mehr sein, daß sich im Namen Gottes die Betenden, wo sie doch nichts sind als Schwestern und Brüder, untereinander teilen in getrennte Lager. Es darf nicht länger mehr sein, daß unser Sprechen von Gott als

Vater aller Menschen trennend wirkt zwischen all den Kindern Gottes. Wie auch immer wir über die Wahrheit und den Inhalt der verschiedenen Religionsformen denken – wenn eine Wahrheit in ihnen lebt, so ist es eine Wahrheit, die in jedem Menschen schlummert, die aber nur durch Güte, Menschlichkeit und Sanftmut gefunden und entfaltet werden kann. Jesus wollte keine neue Religion gründen; was er wollte, nicht anders als der Buddha, war die erlösende Vermenschlichung jeder Religiosität. So laßt uns in diesem Sinne das Vaterunser betrachten.

Das Vaterunser*

Buchstäblich in der Mitte der Bergpredigt (Mt 6,9–15) steht dieses «Gebet des Herrn», das man nicht «auslegen» kann, sondern nur mitvollziehen, nur mitmeditieren. Ein Gedicht kann man nur auslegen durch ein Gedicht, ein Lied nur durch ein Lied, ein Gebet nur durch ein Gebet. Das Vaterunser läßt sich nicht interpretieren, indem man es satzweise und Wort für Wort seziert, analysiert und kommentiert, man muß es, will man es verstehen, sich noch einmal vorsprechen, wie seit Kindertagen immer wieder, und es in Verbindung setzen zu den Szenen und Bildern, in denen es sich am meisten bewahrheitete und bewährte. Versuchen wir also, das Gebet des Herrn gemeinsam nachzubeten.

* In Zürich vorgetragen und entnommen: Eugen Drewermann, Das Matthäusevangelium. Bilder der Erfüllung. Erster Teil, S. 526-533 (ohne die wissenschaftlichen Anmerkungen), Walter-Verlag 1992.

Unser Vater, himmlischer Du

So dürfen wir Dich nennen, Du Antwort auf die Fragen der Verzweifelten, Du Trost der müde Gerufenen, Du Licht der Seelenumdüsterten, Du Halt der zu Boden Gesunkenen, Du Geländer am Steg, Du Brücke über dem Abgrund, Du unsichtbare Hand, die den Vogel im Nest birgt, den Fisch auf dem Grund, den Hamster in der Höhle, Du Kraft der Schöpfung, die sich regt in allem und die sich birgt in allem, Du übergroße, unauslotbare, Du rätselvolle, schreckliche Wirklichkeit hinter der widersprüchlichen Fülle der Erscheinungen – Dich nennen wir Vater in unserer Einsamkeit, auf Dich vertrauen wir in unserer Ausgesetztheit. Du machst diese flüchtige Welt zu unserer Heimat, Du schenkst uns Kindern des Exils eine Stätte der Zuflucht; zu Dir blicken wir auf, denn in Dir gewinnen wir Richtung und Weite. So überlegen bist Du und unerreichbar, so hoch über allem, was uns umgibt – ja, himmlischer Du, so nah wie der Atemwind und so fern wie die Sterne, nie Greifbarer und doch stets Gegenwärtiger, Du Träger aller Namen und Begriffe, Du Einheit aller Worte und Gedanken, Du schweigend Redender, himmlischer Vater Du, mach uns zu Deinen Kindern. Denn nur ein Teil sind wir in Deinem All, verflochten unauflöslich einer mit dem anderen; laß uns eins sein, Du unser Vater; mach, der Du in den Himmeln bist, die kleine Erde zu der Wohnstatt Deiner Kinder.

Geheiligt werde Dein Name
(was Du bist, das gelte)

Denn nur Du bist, und alles neben Dir verdankt sich Deiner Macht und Deiner Güte; es ist nur als Gedanke Deiner Weisheit und nur als Wort aus Deinem Munde. Drum nennt und rühmt Dich alles durch die Gnade seiner Existenz und trägt in sich das unauslöschliche Gedächtnis seines Herkommens von Dir. Aus Dir ist es hervorgegangen, zu Dir kehrt es zurück, Du Majestätischer, Du Unabweisbarer, Du Einziger. Dich anzurufen macht den Kranken heil, an Dich zu denken gibt dem Armen Größe, sich Deiner zu erinnern ordnet unser Leben. Von Deiner Wirklichkeit empfängt unsere Schwachheit Stärke, in Deinem Namen richten wir uns auf. Denn weil Du bist, vergeht der Nebel falscher Götzen, versprüht der Gischt der angemaßten Götter, im Schimmer Deines Lichtes fällt der Glanz der Ewigkeit über das Schattendasein, das wir sind. Du sprichst Dich aus in allem Lebenden, Du singst Dich aus im Tanz der Sphären, Du sagst Dich aus in allen Fröhlichen, Du klagst Dich aus in allen Leidenden. Du Sehnsucht unseres Suchens, Du Stille unseres Strebens, Du Friede unseres Forschens, erfülle uns mit dem Gefühl der Heiligkeit und Unantastbarkeit der sonderbaren Schönheit Deiner schützenswerten Welt.

Dein Reich komme
(was Du wirkst, das komme)

Denn was Du bist und wirkst, Dein Reich, das sind die Galaxien und die Sternenhaufen, das sind die Fixsternsonnen und Planeten, Dein Reich, das sind die Wolken und die Meere, die Berge und die Seen, das sind die Wälder und die Wüsten aus Eis, aus Sand und Salz. Du herrschst im ruhelosen Wogen der Gezeiten, Du wirkst im Aufbau der Kristalle, Du formst Dich in den Mustern einer Austernschale, Du regst Dich in den Gliederfüßchen einer Krabbe, Du schaust uns an im neugierigen Blick des

Rhesusäffchens, Du bist die Zärtlichkeit, mit der ein Kätzchen seine Jungen leckt, Du bist die Kraft, mit der die Löwin ihre Beute reißt. Dein Reich ist Liebe, Ordnung, Weisheit und oft schier unbegreifbare Gleichgültigkeit und Grausamkeit; in Dir fügt sich zusammen, was, wenn *wir* es sehen oder tun, sich immer wieder widerspricht. Denn Du herrschst ganz aus innen, und Deine Macht ist in das Wesen aller Dinge eingeschrieben. Dein Reich, das ist der Freiheitswille der Geschändeten, das ist der Ruf nach Gleichberechtigung im Mund der Menschen, die als «Farbige» geächtet werden, das ist der Zorn der Kriegsversehrten und der Hinterbliebenen, Dein Reich, das ist die mutige Empörung der in Lohnabhängigkeit Versklavten, das ist die Rebellion der ewig Ausgebeuteten, das ist der Streik der seelisch ebenso wie körperlich am Arbeitsplatz Zerbrochenen. Dein Reich, das ist zu kämpfen um die Würde jedes Menschen und um das Daseinsrecht selbst des geringsten Teiles Deiner Schöpfung. Dein Reich, das ist die Wahrheit, die wir deutlich fühlen. Darum: Zerbrich das Lügenreich, in welchem Menschen über Menschen herrschen, vereitle die Eitelkeit der Mächtigen, nimm weg aus unseren Herzen die angstgeduckte Fügsamkeit, die falsche Anpassung, den Untertanengeist des faulen, kopfnickenden, selbstverlorenen Gehorsams. Verteidige Dein Ebenbild in uns und: schenke uns die Kraft, nichts Gott zu nennen neben Dir. Dein Name, Deine Wirklichkeit, Dein Wesen sei das einzige, das gilt. Denn nur wo Du herrschst, werden Menschen groß. Kein Reich der Erde, das sich auf nichts weiter gründet als auf Waffen, Geld und Arroganz, beherrsche fortan unsere Herzen. Herr bist nur Du, Du einzig Zuverlässiger, Du einzig Dauerhafter, Du Ziel der Hoffnung aller Menschen – Dein Reich komme!

Dein Wille geschehe (was Du willst, geschehe) wie im Himmel so auf Erden

Denn was Du willst, ist das verborgene Gesetz im Innersten der Dinge. Du bist die reifende Gestalt im Herzen einer Rose, Du bist die leise Schwingung einer Kompaßnadel, Du bist das Heimweh einer Schwalbe, die nach Süden fliegt, Du bist das Gleiten einer Möwe vor dem Sturm; Du bist der Silberschein über dem Meer im Sonnenuntergang, Du bist der Regenbogen in den Wolken, Du bist der Perlentau im Herbst auf Spinngeweben, Du bist der Fleiß und die Genauigkeit der Ribosome in den Zellen. Du *bist,* Allmächtiger. Was Du willst, *ist,* und wieder formt sich, was Du willst, aus Deinem freien Spiel der Kräfte in den Dingen. Gleißendes Licht über dem Horizont, Verschmelzungspunkt von Meer und Himmel, o senke Dich herab, daß wir Dich in uns fühlen mit all den Fasern unserer Phantasie, mit aller Leidenschaft der Liebe, auf daß wir keinen Aufschub dulden, Deine Wirklichkeit zu werden. Denn was Du willst – das ist der unerschöpfliche, geheimnisvolle Drang nach Leben und nach Selbstentfaltung, der das All in jedem Teil durchzieht. Dein Wille läßt die Seenelken am Grund des Meeres blühen, er formt die zauberhafte Schönheit der Korallen, er lehrt den Steinbutt und die Scholle, sich im Sand zu bergen, er trägt auf seinen Schwingen Schmetterlinge über Ozeane. Dein Wille ist das Selbstvertrauen und das Glück, sich selbst zu leben und so reich und schön sich zu entfalten, als es irgend geht. Dein Wille ist der mühsam sich gestaltende Zusammenklang der unerhörten Vielfalt aller Dinge – das Hören aufeinander und die Festigkeit des eigenen Tons, die Gradheit eigenen Wollens und die Rücksichtnahme auf den Nächsten, die Stärke und der Mut zum Sein neben der Fähigkeit zu tastender Behutsamkeit. Du Lavaglut in den Kaminen der Vulkane, Du sanftes Abendlicht über den Wassern, vereine Du den Himmel mit der Erde, versöhne unsere Träume mit dem Tag, und laß uns auf der Bahn der Sonne wandeln, bis uns die Woge deines Lichts hinüberträgt zu Dir. Du Feuerball hinter den Wolken, Du Spiegellicht über dem Watt, verschmähe nicht unsere Schwachheit. Wir lieben Deinen Willen, der doch unser Leben ist. Hilf uns, ihn zu befolgen, denn nur indem wir Dir gehorchen, gehören wir uns selbst.

Unser tägliches Brot gib uns heute

Und steh uns bei in unseren alltäglichen Sorgen. Sie sind gewiß oft klein und kleinlich, doch so sind wir, und Du kennst uns. Unser tägliches Brot, das sind die lächelnden Augen des Menschen, den wir lieben, das ist ein Händedruck oder ein freundliches Wort, das ist eine Aufmunterung, wenn die Arbeit uns schwerfällt, das sind die ersten Veilchen am Steinhang und die blühenden Anemonen am Waldrand, das ist das lustige Springen des Hundes am Teich und das Singen der Amsel im Ginsterstrauch, das ist der reine Reif des ersten Frostes über den Zweigen und die vertraute Wärme der Stube, das ist das Ziehen der Wolken am Himmel und das Prasseln des Regens gegen die Scheiben, das ist ein neues Kleid auf der Haut und ein neuer Stuhl in der Ecke, das ist die Melancholie ablegender Schiffe und die erwartungsvolle Unruhe bei der Ankunft eines Zuges, das ist der unvorhersehbare Rhythmus von Abschied und Wiederkehr, das ist die zögernde Hoffnung des Kranken, daß es bald wieder Tag wird, das ist der erste Spaziergang eines Genesenden auf dem Korridor eines Spitals, das ist der treue und traurige Gang zu den Gräbern verstorbener Lieber. Von all dem leben wir, tagaus, tagein, in all dem sind wir, tagaus, tagein. Das ist unser tägliches Brot. – Aber auch *Brot* in wörtlichem Sinne! In seinem Namen werde die Menschen Kriege führen um jede Wasserstelle, um jede Erdölquelle, um jede Erzgrube, um jeden Flußlauf, um jedes Saatland – blutige Kriege mit vielen Toten, unblutige Kriege mit noch viel mehr Toten, Kämpfe um Arbeitsplätze und um Absatzmärkte, um Rohstoffe und um Marktanteile, um Informationen und damit immer wieder um Macht und immer wieder um noch mehr Macht. Im Namen des Brotes werden die Menschen die Erde und die Meere in Parzellen einteilen und sie den Mächtigsten als Beutegut vorwerfen. Im Namen von 400 verschiedenen Brotsorten in den Ländern der Ersten Welt werden in den Ländern der Dritten Welt Urwälder gerodet und Ackerböden verwüstet werden, bis daß es keine Orte mehr gibt für die Reisfelder der Hungernden und für die Hirsepflanzungen der Verhungernden. Im Namen des Brotes werden die schlimmsten Verbrechen begangen werden: die Taubheit der Ohren vor dem Schrei der Sterbenden, die Blindheit der Augen vor dem Elend der Wirtschaftsasylanten, die unersättliche Gier nach Grundstücken, nach Kapital und nach Arbeit. Oh, gib uns unser tägliches Brot, bis wir zumindest im Überfluß die Güte lernen! – Doch Du läßt reichlich genug Korn gedeihen auf den Halmen, und Deine Erde bietet hinreichenden Platz für viele Menschen. Drum gib uns als erstes Tränen des Mitleids, bis unsere Augen sich klären, und dann lehre uns den Mut, unsere kleinliche Angst zu besiegen und das Vorhandene großzügig untereinander zu teilen, in Dankbarkeit und Geschwisterlichkeit an dem einen Tisch Deiner Gnade. *So* gib uns unser tägliches Brot.

(Und dann bleibt ein Gebet hinzuzufügen, das so nicht im Vaterunser steht und doch hierhergehört. Es lautet:) Und gedenke auch unserer älteren Schwestern und Brüder, *der Tiere.* Erneuere zu ihrem Schutz mit Nachdruck Dein altes Gebot des sechsten Schöpfungstages, der Mensch solle essen von den Pflanzen des Feldes, aber nicht von den Tieren (Gen 1,29–39). Verbiete dem Menschen, Tiere zu töten, um sie zu essen. Denn auch sie sind fühlende Wesen, auch in ihnen wohnt die Sehnsucht nach Leben; unsere Weggefährten sind sie auf dem gemeinsamen Weg zur Unsterblichkeit. Solange noch Menschen Tiere töten, werden sie auch Kriege führen. Solange noch Menschen Tiere essen, werden sie ihre unschuldigen Opfer zu Tode quälen: zu Hunderttausenden in den Labors und Massenzuchtanstalten, zu Millionen in den Schlachthöfen der Städte, zu Myriaden in den Weltmeeren. Ihr Blutstrom darf nicht länger mehr als Nahrung dienen, ihr Leib nicht länger mehr als Rohstoff, ihr Leben nicht länger mehr als Lebensmittel für uns Menschen. Verbiete uns, Herr, das tägliche Fleisch. Das tägliche Brot gib uns heute.

Und vergib uns unsere Schuld...

Noch weit mehr als vom Brot aber leben wir von der Vergebung. Jedoch: Vergib uns nicht die kleinen Schulden, vergib uns unsere ständigen Entschuldigungen, das Netz der großen Ausreden, in dem wir unser Ich gefangenhalten: «Wir konnten nicht», nur weil es uns an Mut gebrach, «wir wußten nicht», nur weil wir es aus Angst vermieden haben, hinzusehen, «wir sind zu spät gekommen», nur weil wir uns nicht rechtzeitig getrauten. Vergib uns diesen Riß der Angst, der unsere richtigsten Erkenntnisse neutralisiert und uns von unseren besten Vorsätzen zurückhält. Vergib, daß wir nicht wirklich leben aus Mangel an Engagement, daß wir, statt selbst zu denken, vorgedachten Lügen Glauben schenken, daß wir, statt selber zu entscheiden, die eigene Verantwortung an andere abgeben, daß wir, statt unsere Gefühle an der Wirklichkeit zu überprüfen, uns immer wieder in denselben Kinderzwängen drehen, daß wir, statt ehrlich zu uns selbst zu stehen, in Masken und in Rollen flüchten, daß wir uns leben lassen, statt das Leben selber in die Hand zu nehmen. Die Lüge und die Unechtheit vor allem mußt Du uns vergeben. Sie sind der Grund für alle anderen Vergehen, Fehler und Verbrechen, und nur in dem Vertrauen, daß Du trotz allem zu uns hältst, gelingt es uns, der Wahrheit unseres Daseins standzuhalten. Nur in dem Schutz Deiner Vergebung finden wir zu einer objektiven Einstellung uns selber gegenüber, nur in dem Glauben, daß Du uns verstehst, gewinnen wir die innere Entschlossenheit der eigenen Freiheit wieder, und nur in der Gewißheit Deiner Nähe vermögen wir uns selber zu erkennen. Du Atem unserer Seele, stärke uns bei jedem Neuanfang, schenk uns die Ausdauer und die Geduld der kleinen Schritte, begleite uns auf so noch nicht betretenen Pfaden, laß uns den Kreis der Zuständigkeit und der Mitverantwortung nicht allzu eng bemessen, schließ uns in Deine Weite ein. Heb uns hinweg über Selbsthaß und Kleinmut, lenke uns fort von der Fixierung unseres Schattens, tauche uns ein in Dein Licht, und laß das Gute in uns wachsen. Denn auch so bleiben immer noch die allzu vielen Fehler: die falschen Angewohnheiten mit ihrer eigenen Mechanik, die Konsequenzen einer unbewältigten Vergangenheit, die Augenblicke echten Scheiterns, die Schäden unvorhersehbarer Schwäche, die Stunden der Erschöpfung, gerade wenn es galt zu handeln, die Phasen von Ermüdung, Überdruß und Zweifel, während es darauf ankam, gerade jetzt besonders wach zu sein, die Hypotheken folgenschweren Irrtums trotz des Versuchs, das Richtige zu tun. Gerade den Menschen, die sich auf uns eingelassen haben, sind wir so vieles schuldig geblieben und dadurch an ihnen schuldig geworden; wer, wenn nicht Du, soll uns all dies verzeihen, denn die Betroffenen können es oft nicht mehr! Vergib uns vor allem die Lügen, die wir für unvermeidlich hielten, um den anderen zu schonen. Vergib uns, wo wir aus Unreife der fremden Not nicht gewachsen waren; vergib uns, *daß wir Menschen sind,* die immer wieder erst aus Irrtum und aus Fehlern lernen müssen und deren Lebensdauer viel zu kurz ist, um den Schaden wieder gutzumachen, den sie angerichtet haben. Verzeih uns all das, was wir sind, und kehr die Spuren fort, die wir zerstörerisch in fremdem Leben hinterlassen haben. Vergib uns, Vater, unsere Schuld, und lehre uns, uns selber zu vergeben. Schenk uns den Glauben, daß Du uns vergibst; schenk uns den Glauben an uns selbst.

... wie auch wir hiermit vergeben unsern Schuldigern

Und laß uns nie vergessen, wie sehr wir einander brauchen. Gerade weil die Schuld uns vereinsamt und uns voneinander isoliert, bedürfen wir der gegenseitigen Vergebung. In Gut und Böse sind wir unauflöslich verflochten miteinander, und es wird uns nicht einmal im Umgang mit uns selbst gelingen, zwischen Täter und Opfer, zwischen Gut und Böse eindeutig zu unterscheiden. Fest steht nur, daß alles, was wir denken, sagen und tun, sich in ein und demselben Schwingkreis ereignet, innerhalb dessen alles mit allem in Verbindung steht. Drum ist es nicht möglich, um Vergebung zu bitten, ohne selbst zu vergeben, und wer selbst für sich Vergebung empfängt, der gewährt sie in demselben Augenblick auch bereits all den Menschen, mit denen er zusammenlebt. Und doch fällt es uns oft so schwer, einander zu vergeben. Oft sagen wir zu früh: «Ich vergebe Dir», und haben nur Angst vor der drohenden Auseinandersetzung; oft sagen wir: «Es ist schon gut», und flüchten uns nur vor den eigenen Aggressionen in die Pose eines mitleidigen Verstehens, das den anderen nicht ernstnimmt. Um wahrhaft zu vergeben, mußt Du unser Rückgrat stärken, mußt Du uns Festigkeit und Selbststand geben, mußt Du den Schmerz erlittener Niederlagen mildern, mußt Du uns fähig zu Konflikten in der Suche nach der Wahrheit machen. Um zu vergeben, brauchen wir Deine Hand, in der wir uns geborgen fühlen. Und laß uns auch Verständnis haben für die Menschen, die nicht mehr vergeben können, weil es zuviel war, was man ihnen angetan hat. Sie leiden manchmal so, daß es sie tröstet, anderen ein ähnliches an Leid zu wünschen; in Wahrheit aber suchen sie nur nach Bestätigung, Gemeinsamkeit und Anerkennung. Du Vater aller Menschen, laß niemanden aus dem Gewebe Deines Lebens fallen. Vergib uns, wie auch wir hiermit vergeben.

Und führe uns nicht in Versuchung, sondern entreiße uns dem Bösen

Denn das wissen wir: Verloren sind wir, wenn Du uns nicht aufsuchst. Gewiß, es gibt die kleinen Versuchungen: den Hang zur Bequemlichkeit, die Neigung zum raschen Genuß, die Verlokkung der günstigen Gelegenheit, die Verderbnis der Oberflächlichkeit und des mangelnden Nachdenkens. Doch *die Versuchung schlechthin* – das ist der Augenblick einer endgültigen

Entscheidung, wo uns die klarsten Ziele schwankend werden und wir nicht mehr wissen, wer wir sind: Wenn unsere kleine Welt zusammenbricht und alles, was wir je geglaubt haben, wie irrig scheint, dann «führst *Du* uns in die Versuchung». Wir wissen wohl, daß Krisen dieser Art nicht zu vermeiden sind; sie sind ein Teil des Lebens und der Preis lebendiger Entfaltung. Deshalb auch bitten wir Dich als erstes, Du wollest uns nicht schonen; laß uns womöglich noch am letzten Tag des Lebens lieber alles widerrufen, was wir auf Erden gedacht und gemacht haben, als einen Tag zu lange an alten Irrtümern festkleben; gib uns wenigstens die Kraft der Krabben und der Krebse, immer von neuem die zu eng gewordenen Kalkschalen und Panzerungen zu verlassen und jung zu bleiben in neuen und erweiterten Gestaltungen. Doch dann bitten wir Dich, bewahre uns vor dem Verlust unserer Identität; mach, daß wir uns durchhalten in allen Wandlungsstufen, laß die Kontinuität unseres Ichs nicht vollständig abreißen, auf daß wir uns mitnehmen und wir es selbst sind, wenn wir hintreten vor Dich. Bewahre uns vor der Verzweiflung, in der wir uns selber zur Qual werden und uns lieber den Tod wünschen als das Leben und lieber das Hausen im Nichts als das Sein bei Dir. Denn das ist das einzig wirkliche Böse: der Geist der Angst, der das Werden nicht will, der die Wandlung verweigert und die Verantwortung flieht. Ja, laß uns lieber irren, als niemals dazuzulernen, laß uns lieber Fehler begehen, als an lauter Richtigkeiten und Artigkeiten zu ersticken, laß uns lieber an fernen Küsten stranden und scheitern, als die Reise ins Unbekannte niemals anzutreten. Entreiße uns der Mutlosigkeit, entreiße uns dem Starren nach rückwärts, entreiße uns der Lebensverweigerung; entreiße uns der Enge. Vater, entreiße uns dem Bösen.

Das Böse überwinden durch das Gute*

In der Bergpredigt hören wir Jesus sagen: «Ihr habt gehört, daß gesagt ward: *Aug um Auge und Zahn um Zahn* (Ex 21,24 ff; Lev 24,20; Dtn 19,21). *Ich aber sage euch: Überhaupt nicht reagieren auf das Böse!* Sondern: wer dich schlägt auf deine rechte Wange – wende ihm auch die andere zu. Und wer dich gerichtlich belangen und deinen Leibrock nehmen will – laß ihm auch das Obergewand. Und wer dich nötigt zu einer Meile – geh mit ihm zwei. Wer dich bittet – dem gib, und wer von dir borgen will – weise ihn nicht ab.

Ihr habt gehört, daß gesagt ward: *Liebe deinen Nächsten* und: *Hasse deinen Feind* (Lev 19,18.34; Ex 23,4 ff; Spr 25,21 f; Ex 34,12; Dtn 37,2; 23,7; 2 Sam 19,7; Spr 26,24) *Ich aber sage euch: Liebt eure Feinde und betet für die, die euch verfolgen;* auf daß ihr werdet Söhne eures Vaters, des in den Himmeln; denn seine Sonne läßt er aufgehen über Bösen und Guten, und regnen läßt er über Rechten und Unrechten. Denn: wenn ihr (nur) liebt, die euch lieben, welch einen Verdienst habt ihr? Tun nicht auch die Zöllner dasselbe? Und wenn ihr willkommen heißt eure Brüder allein, was Außergewöhnliches tut ihr da? Tun nicht auch die aus den Völkern dasselbe? *Seid ihr also ganz, wie euer Vater, der himmlische, ganz ist»* (Matthäus 5, 38–48).

* Entnommen: Eugen Drewermann, Das Matthäusevangelium. Bilder der Erfüllung. Erster Teil, S. 482–509 (ohne die wissenschaftlichen Anmerkungen), Walter-Verlag 1992.

«Sondern wenn dich einer auf die rechte Wange schlägt,
dann halte ihm auch die andere hin»

Es gibt Worte von der Sanftheit eines Föhnwinds und der Zerstörungskraft eines Taifuns. Dieses zählt dazu: «Ich sage euch: Überhaupt nicht reagieren auf das Böse, sondern: Wer dich auf die rechte Wange schlägt, dem halte auch die andere hin.» Man muß dieses Wort nur einmal so ernst nehmen, daß die Selbstverständlichkeit erschüttert wird, mit der man auch im Christentum unter bestimmten Umständen immer noch gewisse Abstriche und Ausnahmen davon machen zu können glaubt, man muß dieses Wort Jesu nur einmal so wörtlich nehmen, wie es gesagt und doch wohl auch gemeint ist; dann ist deutlich, daß es weder im privaten noch im öffentlichen Bereich vorderhand menschenmöglich scheint, so zu denken oder gar sich so zu verhalten, wie es Jesus hier fordert. Es ist ein Wort, das offenbar mit Absicht alles in Frage stellt, was wir im politischen ebenso wie im persönlichen Umgang miteinander für unser verbrieftes und gottgewolltes Recht erklären.
Im öffentlichen Bereich ist es scheinbar das erklärte Recht, ja sogar die Pflicht aller Staaten, ihre Bürger davor zu schützen, daß «der Böse», ein «Aggressor», sie «auf die Wange schlägt», und noch mehr und erst recht gilt, sie davor zu bewahren, womöglich auch noch die andere Wange hinhalten zu müssen. Die Verhinderung des ersten Schlages des Gegners oder gar die Fähigkeit zum eigenen präventiven Erstschlag, mindestens aber die Drohung des Vergeltungsschlages – darauf beruht zum Beispiel seit Jahrzehnten die gesamte «Sicherheitspolitik» oder, besser, «Abschreckungspolitik» der Großmächte. Auf dieser Welt gibt es kein Volk und kein Staatsgebilde, es müßte denn

Tausende von Jahren hindurch von der übrigen Geschichte getrennt und durch Tausende von Meilen Meer oder Wüste von den umgebenden Völkern entfernt sein, in dem nicht auch heute noch wie selbstverständlich alle Jungen im Alter von 18 bis 25 Jahren dazu herangebildet würden, so automatisch wie im Programm bedingter Reflexe zu Automaten des Todes zu werden; sie müssen und sollen willens werden, *als Soldaten* im Namen von Volk und Vaterland pflichtgemäß, notfalls unter Androhung von Ehrverlust und Hinrichtung, auf die denkbar rationellste, sauberste und effektivste Art Menschen, so viele als nötig, prompt und gehorsam zu vernichten, gezielt oder unterschiedslos, ganz wie die Umstände es verlangen. In der dunkelsten Zeit der deutschen Geschichte konnte sogar ein hochgradiger Neurotiker, den man den «Führer» nannte, aussprechen, was damals fast alle dachten und empfanden: «Ich bin Nationalsozialist und als solcher gewohnt zurückzuschlagen.» Das Gefühl der Ohnmacht und der Angst nebst der daraus resultierenden Explosion tödlicher Gewalt – das war das ganze Geheimnis des braunen Spuks noch vor 50 Jahren hier in Deutschland.

Doch viel spukhafter noch als der Faschismus damals ist die eklatante Tatsache, daß es offenbar nirgendwo auf der Welt bis heute einen Glauben oder eine Kraft gibt, die imstande wäre, diesen Kreislauf aus Angst und Gewalt zu durchbrechen. Selbst die Kirche hat zu der scheinbar selbstverständlichen Praxis von Angst und Terror, von Gegengewalt und Gegenterror seit 1700 Jahren kein wirklich kritisches offizielles Wort mehr gefunden. In ihrer amtlichen Sprache jedenfalls konnte sie noch Mitte der 50er Jahre durch Papst Pius XII. sagen lassen, im Falle eines gerechten Krieges habe kein Katholik das Recht, mit Berufung auf sein Gewissen den Kriegsdienst zu verweigern. So ist das gewesen noch 1956, und es hat sich erst geändert 1964 auf dem 2. Vaticanum durch die merkwürdige Kompromißformel, es gebe einen Friedensdienst mit der Waffe und einen Friedensdienst ohne die Waffe – ganz so, als wäre beides gleichwertig und als gäbe es auch im Sinne Jesu nach wie vor gute Soldaten und gerechte Kriege. Gewiß, rein politisch betrachtet, ist es schwer zu sehen, wie man als Staatsmann in Anbetracht der Umstände einer bestimmten Zeit anders handeln könnte, als indem man ein gewisses Maß an Verteidigungsfähigkeit aufrechterhält. Er, Jesus, aber hat eine andere Sicht der Dinge vertreten; er wollte gegen die Gewalt endgültig nicht mehr die Gegengewalt, sondern die Gewaltlosigkeit, ja, die Wehrlosigkeit setzen. Das zu sagen, gebietet zumindest die Ehrlichkeit, wenn es darum geht, die Worte Jesu auszulegen. Nur: was dann?

Es war BLAISE PASCAL, der auf die Fragwürdigkeit hinwies, mit der die menschlichen Gemeinschaften sich das Recht nehmen, im Namen der Wahrheit Gesetze zu erlassen, die das Licht der Wahrheit nur verdunkeln können, indem sie die unmenschlichsten Handlungen als vereinbar mit dem göttlichen Willen hinstellen. Er schrieb: «Worauf wird der Mensch die Einrichtung der Welt, die er beherrschen will, gründen? Auf die Laune des einzelnen? Was für eine Verwirrung! Auf das Recht? Er kennt es nicht! – Sicherlich. Kennte er es, so würde man niemals diesen Grundsatz aufgestellt haben, der von allen Grundsätzen, die die Menschen kennen, der gewöhnlichste ist: daß jeder den Sitten seines Landes folgen solle; der Glanz der wahren Gerechtigkeit würde alle Völker bezwungen haben, und die Gesetzgeber hätten nicht an Stelle dieses unveränderlichen Rechtes die Hirngespinste und Launen von Persern und Deutschen zum Vorbild gewählt. Man würde das Recht in allen Staaten und zu allen Zeiten gehegt finden, während man so kein Recht und kein Unrecht findet, das nicht mit dem Klima das Wesen ändert. Drei Breitengrade näher zum Pol stellen die ganze Rechtswissenschaft auf den Kopf, ein Längengrad entscheidet über Wahrheit; nach wenigen Jahren der Gültigkeit ändern sich grundlegende Gesetze; das Recht hat seine Epochen, der Eintritt des Saturn in den Löwen kennzeichnet die Entstehung dieses oder jenes Verbrechens. Spaßhafte Gerechtigkeit, die ein Fluß begrenzt! Diesseits der Pyrenäen Wahrheit, jenseits Irrtum. – Man behauptet, daß das Recht nicht in diesen Gebräuchen liege, sondern in den Gesetzen des Naturrechts wohne, das allen Ländern gemeinsam sei. Sicher würde man hartnäckig auf dieser Ansicht bestehen, wenn die Willkür des Zufalls, die die menschlichen Gesetze unter die Menschen säte, wenigstens eines getroffen hätte, das allgemein gültig ist; der Scherz aber ist, daß sich die Menschen aus Laune so gründlich unterschieden haben, daß es keines gibt. – Der Raub, die Blutschande, der Mord an Kindern und Eltern, alles hat seinen Ort unter den tugendhaften Handlungen. Nichts kann lächerlicher sein, als daß ein Mensch das Recht hat, mich zu töten, weil er jenseits des Wassers wohnt und weil sein Fürst mit meinem Krieg führt, obgleich ich keinen Streit mit ihm habe!» – «Weshalb töten Sie mich? – Weshalb? Wohnen Sie nicht jenseits des Wassers? Mein Lieber, würden Sie diesseits wohnen, wäre ich ein Mörder, und es wäre Verbrechen, Sie solcherart zu töten; da Sie aber am anderen Ufer wohnen, bin ich ein Held, und was ich tue, ist recht.»

Wenn es so steht, haben alle staatlichen Gesetze Unrecht vor Gott, dessen einziges Gesetz in der Versöhnung der Menschen liegt; dann aber muß endlich Schluß damit sein, das brutale Schema von Gewalt und Gegengewalt, von Actio und Reactio als politische Vernunft zu definieren; dann kommt vielmehr alles darauf an, den ewigen Kreislauf von Angst, Haß, Zerstörung, Schmerz und Rache zu verlassen und nicht mehr Böses mit Bösem zu beantworten; dann geht es entscheidend darum, eine innere Freiheit zu gewinnen, die es erlaubt, von der Handlungsweise des anderen sich nicht länger das Gesetz auch des eigenen Handelns vorschreiben zu lassen. Nur so wird Friede inmitten einer Welt der Unfreiheit und der Gewalt möglich werden. – So bereits im Bereich der *öffentlichen* «Ordnung». Im privaten Bereich stellt sich das Paradox der Gewaltüberwindung durch Gewaltverzicht nicht minder deutlich. Jedes Mädchen zum Beispiel hat ein gewisses Recht darauf, daß der Junge an seiner Seite es beschützt, notfalls mit den Fäusten oder mit der Waffe. Es ist ein ungeschriebener Beweis der Männlichkeit, sich wehren und verteidigen, ja, im Grunde sogar etwas erobern und in Besitz nehmen zu können. Jahrmillionen der Evolution im Tierreich haben diese Definition der Männlichkeit begründet und offenbar auch im Menschen grundgelegt. Als ein wehrloser Schwächling muß demgegenüber gelten, wer sich nicht nach einer solchen Rollendefinition der Männlichkeit richtet. Von daher könnte man das Wort Jesu womöglich geradezu als eine Anweisung für lebensuntüchtige Schwächlinge verstehen. Es gibt ja Menschen, bei denen die Angst nicht nach außen, im Angriff, sich gewaltsam Luft macht, sondern bei denen umgekehrt die Größe der Angst die Flucht gebietet; solche Menschen sind *vor lauter Angst* wehrunfähig; sie sind so gehemmt und neurotisch, daß man ihnen fast nur wünschen kann, sie würden endlich fähig, ihre Aggressionsscheu, ihre Depressionen, ihre Rückzugsmentalität aufzugeben. Für solche Menschen muß das Wort Jesu: «dem halte auch die andere Wange hin» in der Tat wie eine gefährliche Rechtfertigung ihrer Gehemmtheit und Schwächen wirken, wenn sie nicht sogar schon als eine moralisch und taktisch bessere Überlebensstrategie in

Geltung kommt. Auch dafür gibt es Beispiele schon im Tierreich. Wölfe im Zweikampf bedienen sich eines solchen Verhaltens: das unterlegene Tier wendet seine entblößte Halsschlagader dem stärkeren zu, und ein angeborener Instinkt verbietet es dem überlegenen Tier, den mörderischen Biß zu tun. FRIEDRICH NIETZSCHE hat dementsprechend die christliche Moral so aufgefaßt: Wenn man die Worte der Bergpredigt ernst nähme, so meinte er, bedeutete die Ethik des Christentums eine Art Sklavenaufstand der Schwachen gegen die Starken, eine Diffamierung der großen und kräftigen Menschenraubtiere durch die Entarteten, durch die Mißgebildeten, sie wäre ein bloßes Räsonnement der Dekadenz, nichts weiter. Tatsächlich hat NIETZSCHE in gewissem Sinne recht: Der neurotische Mißbrauch der Bergpredigt kann noch unnatürlicher und unmenschlicher wirken als die gewohnte Barbarei, als das vertraute Tierreich des Humanen. Nur muß man dabei sagen, daß jene Regel Jesu «dem halte auch die andere Wange hin» als Strategie zum Überleben wenig taugt: Menschen sind grausamer als Wölfe, und ihnen imponiert keine entgegengestreckte Halsschlagader; sie haben zu viel Verstand, um sich durch gewisse hemmende Instinkte von ihren Beschlüssen abbringen zu lassen. Wenn Menschen aufeinander einschlagen, dann oft genug und immer wieder bis zum Totschlag.

Was also bleibt dann von dem Wort Jesu übrig: «Wer dich auf die eine Wange schlägt, dem halte auch die andere hin»? Wenn dieses Wort überhaupt einen Sinn haben soll, dann offensichtlich den, eine Stärke der Angstfreiheit zu dokumentieren, die unter Menschen etwas völlig Ungewöhnliches darstellt. Was von allen Worten der Bergpredigt gilt, zeigt sich hier besonders klar: Es handelt sich nicht um eine moralische Anweisung oder um ein juridisches Gesetz; es geht um etwas, das aus einer

Sicherheit erwächst, die man einzig in Gott findet oder, anders gesagt, die man inmitten des Arsenals des Schreckens niemals finden wird.

In zwei Richtungen müßte eine solche Angstfreiheit gehen, wenn das Wort Jesu einen Sinn bekommen und behalten soll: die Angst vor den anderen müßte verschwinden, und die Angst um sich selbst müßte ein Ende finden können.

Sieht man genau hin, so ist es in einer überragenden Zahl von Fällen *die Angst vor den anderen,* die uns veranlaßt, Dinge zu tun, die wir eigentlich überhaupt nicht tun wollen. Am Ende eines Krieges, inmitten der verbrannten Städte und verwüsteten Landstriche, hat schließlich niemand das gewollt, was wirklich geschehen ist. Aber wieso ziehen die Menschen immer wieder zu Millionen wie eine Herde von Hammeln hinter irgendwelchen Führern her, die mit uns selber als Personen überhaupt nichts im Sinn haben? Es braucht nur jemand sich eine Uniform, einen Talar oder ein Bäffchen umzuhängen, dann kann er den Krieg befehlen und die Waffen segnen und zum Sieg die Glocken läuten, und er findet Beifall und Gehorsam allerorten. Das erste Problem ist daher nicht so sehr die Frage der Gewaltlosigkeit, sondern das entwürdigende Mißtrauen gegen uns selbst und die schnöde Bereitschaft, jedem anderen eher recht zu geben als unserem eigenen Denken und Empfinden. Gewiß, die 60 Radierungen des spanischen Malers FRANCESCO GOYA über den Krieg, die er kurz vor dem Ausbruch seiner Psychose malte, kann man im Prado in Madrid als Kunst ausstellen. Aber was GOYA mit diesen Bildern sagen wollte, war ein verzweifelter Appell an die Wahrheit und Evidenz der eigenen Augen; er wollte uns förmlich dazu zwingen, davon nicht abzurücken, daß das Grauen das Grauen ist, die Barbarei die Barbarei und die Unmenschlichkeit die Unmenschlichkeit, daß die «*Desastres de la guerra*», die «Grauenhaftigkeiten des Krieges», wie er seine Bilderserie nannte, nichts anderes seien als Scheußlichkeiten und Gräßlichkeiten, niemals aber Pflichten und Notwendigkeiten. Das erste von allem ist daher, daß wir lernen, das schafsähnliche Nicken und Gehorchen dranzugeben und endlich zu glauben, daß unser Kopf mit seinen 13 Milliarden wohlverdrahteter Hirnzellen recht hat, wenn er Mord, Zerstörung, Roheit und Gewalt in jeder Form und Weise schlicht und einfach Wahnsinn nennt und sich dagegen wehrt, alle Begriffe von Gut und Böse dialektisch zu verfälschen, so als wenn man am Ende schon wieder schuldig wäre, für die «richtigen» Zwecke nicht genug gemordet und nicht gründlich genug «gesiegt» zu haben. Prinzipiell kommt es darauf an, den Regungen des eigenen Herzens Glauben zu schenken, das sich zusammenkrampft und sich weigert, von «Zwecken» zu hören, die so erhaben seien, daß sie gewisse Mittel unvermeidlich machten, und von Pflichten zu erfahren, die wiederum gewisse Zwecke zur Auflage erhöben. Sehr im Gegenteil muß man WOLFGANG BORCHERT für einen rechten Interpreten dieses Jesus-Wortes halten, als er 1947 auf dem Sterbebett in Basel sein Manifest und Testament an die Menschheit verfaßte: «Du, Mann an der Werkbank, wenn sie dir befehlen, du sollst statt Kochtöpfen und Rohren Stahlhelme und Gewehre herstellen, sag nein. Du, Mutter, wenn sie dir befehlen, du sollst Kinder gebären, Mädchen für die Spitäler und Jungen für neue Schlachten, sag nein. Du Pfarrer auf der Kanzel, wenn sie dir befehlen, du sollst den Krieg segnen und den Mord heiligsprechen, sag nein.» Der Mut zur Verweigerung der befohlenen Gewalt ist der erste Schritt, um das öffentliche Leben gewaltfrei zu halten. Aufhören müßte deshalb vor allem die Doppelbödigkeit der Moral der katholischen Kirche, die es in Canon 289 § 1 ihres Gesetzbuches ihren

Klerikern untersagt, sich ohne «Erlaubnis ihres *Ordinarius* freiwillig zum Militärdienst (zu) melden», weil «der Militärdienst dem klerikalen Stand weniger angemessen ist». Der Militärdienst ist keinem Gläubigen «angemessen», er ist der erklärte Widerspruch zur Bergpredigt, und es kann nicht für den sogenannten «Laien» «angemessen» sein, was für die «in besonderer Weise» «Berufenen», für die Kleriker und Ordensleute, ganz richtig als «unangemessen» gelten muß – «weniger angemessen» ist angesichts der kompromißlosen Dringlichkeit der Sprache Jesu in der Bergpredigt in sich selbst schon eine unsinnige Phraseologie.

Im *privaten* Leben freilich muß man leiser reden. Hier geht es weniger um die Angst vor anderen, hier ist vor allem *die Angst um sich selber* das Problem. Ein Mann macht seiner Frau Vorwürfe: «Du kommst immer so spät nach Hause», oder: «Wo warst du wieder?» oder dergleichen. Gesetzt, die Frau hat wirklich etwas zu verbergen, so muß sie sich bei solchen Vorwürfen empfindlich getroffen fühlen; sie muß anerkennen, daß die Bemerkung ihres Mannes genau beobachtet und richtig gezielt ist, und so muß sie sich verteidigen. Merkwürdigerweise muß sie sich verteidigen, gerade weil sie – mindestens in einem gewissen Sinne – nicht ganz unschuldig ist. Aber sie kann darauf verzichten, zurückzuschlagen, wenn der Schlag ihres Mannes sie im Grunde gar nicht trifft, wenn sie sich nichts vorzuwerfen hat und ihr Mann einfach daran vorbei gezielt hat. Dann kann sie von sich so weit absehen, daß sie hört, was ihr Mann mit seiner Aggression wirklich sagen will: er möchte vielleicht nur sagen: «Ich hätte so gern, wir würden heute einen richtig schönen Abend miteinander verbringen können»; oder: «Ich habe dich schon so erwartet»; oder: «Ich mache mir Sorgen um dich» und ähnliches. Und in all dem wären die geäußerten Aggressionen eigentlich versteckte Liebeserklärungen, und man müßte hinter dem «Schlag» im Grunde eine – aus Angst oder Enttäuschung – übertriebene Bewegung der Zärtlichkeit wahrnehmen – und es gäbe keinen «Schlagabtausch» mehr; man wäre augenblicklich in der Wahrheit, und der ganze Streit wäre ein Unding; man brauchte sich nicht zu verteidigen, gerade weil man nichts zu «verteidigen» hat.

Ja, man könnte sogar den anderen nötigen, von sich her Farbe zu bekennen. Oft, wenn Menschen um sich schlagen, treffen sie wirklich die «rechte» Wange – das heißt, sie schlagen mit der «linken» Hand, es rutscht ihnen da etwas ohne weiteres Nachdenken heraus, wie unbewußt und ohne es zu wollen. Aber die Pause, während derer wir nicht zurückschlagen, dieser Augenblick des Wartens, des Nichthandelns in taoistischem Sinne, nötigt doch dazu, daß sich der andere überlegen muß, ob er das auch wirklich meint, was er da vielleicht nur unbeabsichtigterweise getan hat. In gewissem Sinne besteht eine wichtige Regel der *Psychotherapie* gerade in dieser Einsicht: je ungerechter die Vorwürfe, Beleidigungen, Unterstellungen und «Schläge» eines anderen sind, desto sinnloser und verkehrter ist es, sich zu rechtfertigen, sich zu verteidigen und mit «vernünftigen» Argumenten den anderen zu widerlegen; wenn das, was der andere sagt oder tut, nicht wirklich «zutrifft», so daß man seine «Schläge» wirklich verdient hat, sollte man von sich selber am besten ganz absehen und sich umso mehr fragen, was eigentlich in dem anderen vor sich geht, wenn er sich so verhält. Zumeist wird man dann feststellen, daß die Verhaltensweise des anderen sich gar nicht auf die eigene Person bezieht, sondern aus Zusammenhängen früherer Erinnerungen stammt; ja, man wird feststellen, daß die «Schläge», die man jetzt von ihm bezieht, fast so etwas sind wie eine Liebeserklärung und ein großer Vertrauensbeweis – er empfindet Gefühle von Zuneigung, Angst, Hoffnung, Enttäuschung ganz wie damals der eigenen Mutter, dem eigenen Vater gegenüber. Um so wichtiger ist es jetzt, diese Gefühle in all ihrer Widersprüchlichkeit zuzulassen, sie nicht zu bekämpfen, sondern sie durchzuarbeiten durch ein späteres Verstehen. So meinte DOSTOJEWSKI im «Idioten», diesem tiefsinnigsten Christusportrait der Weltliteratur, einmal: «Die Sanftmut ist eine furchtbare Gewalt.» Und: «Seine» – des «Idioten», des Christus – «Macht besteht darin, daß er einen jeden zwingt, zwischen Gut und Böse zu wählen.»

Es gibt Worte von der Sanftheit eines Föhnwindes und von der Zerstörungskraft eines Taifuns. Wer sie vernimmt, dem bleibt in dieser Welt der mörderischen Selbstverständlichkeiten kein Stein mehr auf dem anderen. Das Wort der Sanftmut, «Wer dich auf die rechte Wange schlägt ...», ist solch ein Wort, das alles umstürzt, mit dem wir jedoch heraustreten können aus dem Getto der Angst und mit dem alles anders werden kann, als es bisher scheinbar unausweichlich nötig war. Die «Aufräumarbeit» ist an dieser Stelle indessen auch zwischen den Religionen wohl besonders groß. Recht hat erneut der *Koran*, wenn er sagt: «Gutes und Böses ist wohl nicht einerlei; darum wende das Böse durch Besseres ab, und dann wird selbst dein Feind der wärmste Freund dir werden. Aber doch nur die Geduldigen werden dies erlangen, nur die, welche mit großen und glücklichen Eigenschaften begabt sind.» Solche Worte immer wieder zu zitieren ist schon deshalb nötig und nützlich, weil es den Wahn der besonderen und einmaligen Vortrefflichkeit der christlichen Lehre beseitigt und einem wirklichen Dialog zwischen den verschiedenen Religionsformen Platz macht. Das «Böse durch Gutes zurückweisen und von dem, was wir (nämlich Allah, d. V) ihnen verliehen haben, Almosen geben» – solche Weisungen sind ebenso «islamisch» wie «christlich», ebenso «menschlich» wie «göttlich»; und eben deshalb sind sie menschheitlich.

Alle Gewalt ist nichts als hilflose Not

Wie bereinigt man Konflikte im privaten wie im öffentlichen Leben? Die Meinung der Bergpredigt hierüber ist eindeutig: Einen Konflikt löst man nicht, indem man seine Ursachen akzeptiert und reproduziert; innerhalb der Spielregeln von Aggression, Gewalt und Egoismus mag man einen Konflikt vielleicht gewinnen, aber man wird damit nur den bestehenden Konflikt fortan in die eigene Person übernehmen: Man geht aus einem Streit vielleicht als Sieger hervor, doch man erscheint eben deshalb in den Augen der Besiegten nur als die momentane Steigerung und Zusammenfassung der bestehenden Streitigkeiten. Wer einen Konflikt besiegen will, der darf gerade nicht in einem Konflikt siegen wollen – der muß die ganze Reaktionsweise verändern, indem er aufhört, auf den «Bösen» nur zu «reagieren» und sich von ihm das Thema und die Form der Auseinandersetzung aufdrängen zu lassen; der muß einen Standpunkt außerhalb des Streits gewinnen. Und dieser Standpunkt – das ist «Gott» für Jesus.

Der ganze Abschnitt in Mt 5,38–42 befaßt sich mit der Überwindung des Bösen durch das Gute, und Punkt für Punkt lautet der Vorschlag hier: Abbau der Spannungen durch Entgegenkommen, nicht durch Eskalieren, sondern durch Deeskalieren, Eingehen auf den anderen statt Losgehen gegen den anderen. Sogar in der formalen Gliederung der Worte Jesu herrscht hier das Prinzip des Herabsteigens und des Entschärfens. «Nicht reagieren auf das Böse (auf eine Aggression)!» Das wurde als erstes durchprobiert im Fall eines mutwilligen Angriffs (Mt 5,39: «Wer dich schlägt auf deine rechte Wange ...»); jetzt geht es um einen Streit, der auf dem Wege des *Prozeßrechts* ausgetragen werden soll (Mt 5,40); danach nimmt Jesus als Beispiel einen Fall von *Nötigung* (Mt 5,41), und er endet schließlich mit dem Fall eines einfachen bzw. eines kläglichen Schuldeingeständnisses (Mt 5,47). Es ist, als wenn der ganze Abschnitt schon in seiner Gliederung darauf angelegt wäre, alle Formen von «Bösem», von Unrecht, aus der direkten Tätlichkeit herauszulösen und über mehrere Zwischenstufen auf ein einziges Motiv buchstäblich zu «reduzieren», das hinter all den Gestaltungen von Aggresssion und Gewalt sichtbar wird, wenn man nur lange genug zusieht: eine hilflose Art, um etwas zu *bitten,* das man zum Leben dringend braucht.

Seit Menschengedenken hat man versucht, es anders zu machen, und es hat offenbar zur Befriedung der Menschheit nicht viel beigetragen. Man hat versucht, mit Hilfe von Gesetzen und mit dem Einsatz staatlicher Gewalt der menschlichen Aggressivität eine geordnete Form zu verleihen und auf dem Boden des Rechtes den Egoismus des einen an dem Egoismus des anderen zu begrenzen. Erreicht hat man auf diese Weise das Gewaltmonopol des Staates, mit dem Ergebnis, daß die Aggression keinesfalls aus der Welt verschwunden ist, sondern gewissermaßen nur in immer größeren Einheiten zusammengefaßt wurde. Innerhalb seiner Grenzen sorgte der Staat für die Ruhe und Ordnung seiner Bürger, aber das ermöglichte es ihm zugleich, mit immer größeren Menschenmassen, ausgestattet mit immer furchtbareren Vernichtungsmitteln immer schrecklichere Massenmorde an Menschen und Tieren zu verüben. Das Problem der menschlichen Aggressivität konnte unter diesen Umständen natürlich nicht gelöst werden, es wurde lediglich quer durch die letzten 8000 Jahre wie eine wachsende Geröllhalde vor einem riesigen Bulldozer an den Rändern der eigenen Staatsgrenzen und Bündnissysteme aufgetürmt. Nicht den Menschen zu erlösen, sondern ihn zu verwalten und sich mit dem Bösen zu arrangieren war und blieb das Ziel einer solchen «pragmatischen» Vernunft. Spätestens heute, da alle Fehler, die wir begehen, mittelbar oder unmittelbar in ihren globalen Auswirkungen auf uns selbst zurückfallen, beginnen wir zu ahnen, daß wir uns mit der Beantwortung der wirklichen Fragen der menschlichen Geschichte sträflich viel Zeit gelassen haben; wir sind inzwischen mit unserer «pragmatischen» Weisheit endgültig am Ende, und wir haben zur Lösung so wichtiger Fragen wie Krieg oder Frieden, Zerstörung oder Bewahrung der Umwelt, Hunger und Verelendung weiter Teile der Erde oder der Schaffung einer internationalen Solidarität nurmehr zwei oder drei Jahrzehnte zur Verfügung. Mit anderen Worten: Die Weisungen der Bergpredigt waren noch nie so dringlich, sie waren noch nie so klar als die einzige Alternative zu der verheerenden Welt der sogenannten «Realpolitik» erkennbar wie heute.

«Aug' um Auge, Zahn um Zahn» – das ist die Gesetzgebung des Hammurabi, das ist der Alte Orient, das ist das Alte Testament. So aber darf und soll es nicht länger weitergehen, meinte Jesus bereits vor 2000 Jahren; es darf nicht als Gottes Willen gelten, daß die Menschen nur immer weiter in ihren Rechtsansprüchen sich zerfleischen und sich dabei nur immer mehr in denkende Raubtiere verwandeln. Freilich, der Einwand liegt auf der Hand: Wer mag schon davon lassen, seinen eigenen Rechtsanspruch einzuklagen, und was wird aus der Würde des Menschen, wenn sie an Schwäche und Ohnmacht zusammenbricht? Allzu viele Menschen gibt es, die als Verlierer eines Rechtsstrei-

tes, als Ehefrau zum Beispiel vor dem Scheidungsrichter, lediglich kapituliert haben, und sie sind resigniert und verbittert davongegangen! Was Jesus indessen meint, ist nicht ein solches Nachgeben aus Schwäche, Kraftlosigkeit oder Feigheit, was ihm vorschwebt, ist ein Nachgeben aus Überzeugung und innerer Stärke. Gewiß, alle Altgewordenen, denen die Augen schwach geworden sind, werden mit matter Stimme der Jugend erklären: «Kämpft nicht um die Genauigkeit eurer berechtigten Forderungen, nicht Aug' um Auge, seht nicht so klar hin, laßt fünf gerade sein» – dies *ist* die Weisheit des Alters. Aber *die Jugend* will es wissen, genau und präzise, und Jesus möchte, daß wir *sehenden Auges,* mit einem glühenden, jugendlichen Idealismus statt des Krieges und des Rechthabens die Entspannung und das Nachgeben wählen.
Immer wieder, sobald man die Botschaft der Bergpredigt mit zeitgeschichtlichen Gegebenheiten und Begebenheiten konfrontiert, um sie zu kommentieren, wird man den Widerspruch derjenigen erregen, die aus politischen Gründen eine andere Meinung vertreten. Sie nennen es gern einen Kurzschluß, die Worte Jesu auf die Gestaltung der Welt anzuwenden; sie berufen sich gern auf die Eigengesetzlichkeit der staatlichen Subsysteme: der Wirtschaft, des Militärs, des Umgangs mit Macht in der Innen- wie Außenpolitik; es gebe, sagen sie, kein privilegiertes christliches Sonderwissen zur Lösung konkreter Fragen inmitten einer säkularisierten und pluralistischen Welt. Daran ist natürlich etwas Wahres. Es geht nicht an, daß eine kleine Gruppe in einem Staat allen anderen Bürgern in dem gleichen Staat vorschreibt, was sie zu tun und zu lassen haben; es wäre im Gegenteil ein schwerer Fehler, in fundamentalistischem Sinne die Kirche zum Staat erweitern zu wollen. Doch diesen Vorbehalt vor Augen, darf aus dem Macht- und Gewaltverzicht Jesu in

christlichem Sinne gerade nicht geschlossen werden, der Umgang mit Macht, Gewalt, Recht und Gesetz sei etwas Neutrales, dem man einfach seinen Lauf lassen könne oder dürfe. Genau das nicht! Was Jesus wollte, läßt sich nur verstehen, wenn man den Kordon des politischen Denkens in den Bahnen von Volksinteressen und Nationalegoismen ein für allemal durchbricht, und zwar nicht, um sich aus den Fragen der «Welt» in eine Klosterenklave der Unverantwortlichkeit zurückzuziehen, sondern um von dem Standpunkt eines neu gewonnenen Vertrauens her dieselben Fragen noch einmal anzugehen und sie einer neuen im Getto der Angst bislang völlig utopisch erschienenen Lösung zuzuführen, mit einem Maß an Phantasie und Kreativität, auf das man im traditionellen Schema so wenig verfallen konnte wie auf das Trojanische Pferd. Nicht um «Politik» gegen Politik geht es, sondern um eine religiöse Neuformung des gesamten menschlichen Lebens, inklusive seiner wirtschaftlichen und politischen Dimensionen.

Ein Mann, der aus der Zeit des griechischen Befreiungskampfes gegen die Türken um Kreta und um weite Teile des Balkans die Problematik von Gewalt und Recht zutiefst durchlitten hat, war der Gottsucher, Dichter und Politiker NIKOS KAZANTZAKIS. In seinem Roman *Alexis Sorbas* läßt er seinen Titelhelden einmal verzweifelt fragen: «Wann wird der Mensch endlich Mensch werden? Da tragen wir Hosen, Kragen, Hüte und sind immer noch Maulesel, Wölfe, Füchse und Schweine. Wir sind das Ebenbild Gottes, heißt es. Wer? Wir?» Und Sorbas erzählt ein Beispiel, wie er als griechischer Freiheitskämpfer in Bulgarien war:

«Eines Tages kam ich um die Dämmerung in ein bulgarisches Dorf und versteckte mich in einem Stall. Das Haus gehörte dem bulgarischen Popen, einem wilden, blutrünstigen Komitadschi.

Nachts legte er seine Kutte ab, verkleidete sich als Hirt, nahm seine Waffen und überfiel die griechischen Dörfer. In der Frühe kehrte er vor Sonnenaufgang zurück, reinigte sich von Dreck und Blut und begab sich in die Kirche zur Messe. Er hatte gerade ein paar Tage zuvor einen griechischen Lehrer im Schlaf umgebracht. Ich legte mich also (sc. in seinem Stall, d.V.) mit dem Rücken auf den Mist hinter den beiden Ochsen und wartete (auf ihn). Gegen Abend erscheint der Pope im Stall, um seine Tiere zu füttern. Ich falle über ihn her und schlachte ihn wie einen Hammel. Dann schneide ich ihm die Ohren ab und stecke sie in die Tasche. Ich sammelte damals bulgarische Ohren.
Nach einigen Tagen kam ich wieder. Am hellichten Mittag. In der Rolle eines Hausierers. Ich hatte meine Waffen in den Bergen gelassen und wollte Brot, Salz und Schnabelschuhe für meine Kameraden kaufen. Vor einem Haus stoße ich auf fünf kleine Gören, barfüßig und ganz in Schwarz. Sie haben sich angefaßt und betteln, drei Mädchen und zwei Jungen. Das größte mochte zehn Jahre sein, das kleinste war noch ein Säugling. Das älteste Mädchen trug ihn auf dem Arm, küßte und streichelte ihn, damit er nicht weinte. Ich weiß nicht, wie – vielleicht aus einer göttlichen Eingebung –, ich fragte sie auf bulgarisch: ‹Wem gehört ihr, Kinder?› Der älteste Knabe hebt seinen kleinen Kopf und antwortet: ‹Dem Popen, den sie vor einigen Tagen im Stall ermordet haben.› Die Tränen traten mir in die Augen. Die Erde begann sich wie ein Mühlrad zu drehen. Ich lehnte mich an die Mauer, und die Erde stand still. ‹Kommt näher, Kinder!› sagte ich, ‹kommt dicht heran!› Ich zog meine Börse aus dem Gürtel. Sie war mit türkischen Pfunden und Talern gespickt. Ich kniete nieder und leerte sie: ‹Da! Greift zu! Greift zu!›, rief ich, ‹das ist alles für euch!› Die Kinder warfen

sich auf die Erde und lasen die Münzen auf. ‹Das ist alles für euch›, rief ich. ‹Nehmt! Nehmt!› Ich überließ ihnen auch meine Ware mitsamt dem Korbe. ‹Das gehört euch auch!› Dann laufe ich spornstreichs davon. Ich verlasse das Dorf, zerre die gestickte Hagia Sophia unter dem Hemd hervor, reiße sie in Fetzen und nehme die Beine in die Hand, als sei die wilde Jagd hinter mir her. Und ich laufe immer noch! Heute noch!› Sorbas lehnte sich an die Wand. ‹So wurde ich es los.›

‹Das Vaterland los?›

‹Ja, das Vaterland›, antwortete er ruhig und fest. Und nach Sekunden: ‹Das Vaterland los, die Popen los, das Geld los. Als liefe ich durch ein Sieb. Und je mehr durch das Sieb läuft, um so leichter werde ich an Ballast. Wie soll ich es erklären? Ich befreie mich, ich werde ein Mensch.› Seine Augen leuchteten, sein breiter Mund lachte. Nach kurzer Pause nahm er den Faden wieder auf. Sein Herz lief über, es ließ sich nicht mehr gebieten. ‹Es gab eine Zeit, in der ich sagte: Das ist ein Türke, das ist ein Bulgare oder ein Grieche. Wenn du wüßtest, Chef, was ich für das Vaterland alles getan habe, stünden dir die Haare zu Berge. Ich habe gemordet, gestohlen, Dörfer in Brand gesteckt, Frauen vergewaltigt, ganze Familien ausgerottet ... Nur weil es Bulgaren und Türken waren. Du gemeiner Halunke, du Mistvieh! schimpfe ich mich oft selber. Heute sage ich: Der ist ein guter, jener ein schlechter Mensch. Ob Bulgare oder Türke, ist nebensächlich. Aber ob er gut oder böse, das ist die Frage. Ja, ich glaube, je älter ich werde – beim Brot, das ich esse –, ich sollte auch noch das Fragen lassen. Ob gut oder schlecht – ich beklage sie alle. Es kann mir durch Mark und Bein fahren, wenn ich mir einen Menschen ansehe, auch wenn ich tue, als ob ich mir einen Dreck aus ihm machte. Ich sage mir: Auch dieses arme Luder ißt, trinkt, liebt und hat Angst. Auch er muß eines

Tages abtreten und liegt steif und still unter der Erde, und die Würmer fressen ihn auf. Armer Schlucker! Wir sind alle Brüder! Und Fraß für die Würmer! Und handelt es sich um eine Frau, dann könnte ich mir die Augen ausweinen. Du foppst mich zuweilen, weil ich die Frauen so liebe. Warum soll ich sie nicht lieben? Sie sind schwache Geschöpfe und wissen nicht, was sie tun. Greifst du ihnen nach dem Busen, strecken sie gleich die Waffen.»

Vermutlich steht diese «sittenlose», anarchistische, vaterlandslose, «unmoralische» Denkweise des *Alexis Sorbas* der Vorstellung Jesu von der Vermenschlichung des Menschen weit näher als all die christlichen Tugendideale, die man mit großem geistigem und machtpolitischem Aufwand aus der Botschaft des Mannes aus Nazareth herausdestilliert hat. Wieviel an künstlichen Grenzziehungen zwischen den Menschen, zwischen den Unterschieden des Standes, des Volkes, des Staates, der Geschlechter, der Lebensweise muß man sich *abgewöhnen*, um endlich an einen Gott zu glauben, wie Jesus ihn schildert, «der seine Sonne aufgehen läßt über Bösen und Guten und regnen läßt über Rechten und Unrechten» (Mt 5,45)? Wieviel aber auch an jugendlicher Kraft muß ein Mensch sich bewahren, um eine solche Güte der Entgrenzung beziehungsweise der Öffnung aller Rechtsansprüche sich zu eigen zu machen? Im Sinne Jesu sollte Schluß damit sein, Menschlichkeit und Güte für Schwäche oder für Ressentiment zu halten. Es sollten aus einer stolzen Kraft der Desillusionierung und der Freiheit von Vorurteilen eine Energie und Spannkraft hervorgehen, die das Prinzip von Aug' um Auge, Zahn um Zahn ein für allemal als so lächerlich und blödsinnig erscheinen lassen, wie es ist.

Gehen wir, um das zu verstehen, die Beispiele Jesu im einzelnen durch.

Da verklagt dich jemand auf dein Untergewand; er will dich gerichtlich belangen. Und natürlich kannst du sagen: «Da muß ich mich wehren; wofür gibt es das Recht! Ich muß doch verhindern, daß das Gesetz mißbraucht und zum Unrecht verfälscht wird. Recht ist Recht, und es gibt doch eben dafür Gesetze, daß ich sie nutze.» So die übliche Vorgehensweise. Man ist sich den Rechtsstreit schuldig schon aus Prinzip. Und ein Rechtsstreit: das heißt bis heute, aus der Parteilichkeit von Egoismen einen Kompromiß zu erstellen, der dann als Wahrheit und Weisheit, als Entscheidung der Weltordnung, ja sogar als Ausdruck des Willens des Allerhöchsten betrachtet werden soll. Was ein Possenstück, scheint Jesus gedacht zu haben! Gott als die Verkörperung des Sozialegoismus, als der oberste Schöffe und Büttel – so verkommt alles. Gott – das ist eine Macht in *allem,* was lebt, das ist die lebendige Verbindung zwischen allen Dingen; Gott – das ist gerade nicht die Abgrenzung und das Gegeneinander, sondern die Erweiterung und die Gemeinsamkeit. Wie anders wäre die Welt, wenn wir im Sinne Jesu ganz einfach die Blickrichtung änderten! Wir würden nicht fragen: Was will der andere?, und: Wie kann ich mich dagegen schützen?, sondern: Warum will der andere dies und das von mir?, und: Wie verhelfe ich ihm dazu, daß er bekommt, was er benötigt? Er will mein Hemd? Ja, vermutlich hat er sehr kalt und friert. Vermutlich ist er sehr einsam, und er hat nie gelernt, um etwas zu bitten. Vielleicht schaltet er den Rechtsweg überhaupt nur ein, weil er noch niemals erlebt hat, daß man ihm etwas freiwillig gibt – als Geschenk. All die «Rechtsmittel» ändern doch nichts an dem Grundproblem aller Menschen: an der fundamentalen Gnadenlosigkeit der Welt jenseits von Eden. Genau darauf aber käme es an: Man müßte, statt des Denkens in Rechtsbegriffen, sich auf eine Freiheit der Güte einlassen, die es erlaubt, hart gefrorene Forderungen in Bitten aufzutauen und als solche ganz einfache menschliche Bedürfnisse zu beantworten. In aller Regel wird man dann finden, daß der andere, selbst wenn er etwas fordert und mit rechtlichem Zwang durchsetzen will, in Wirklichkeit noch viel mehr braucht, als er auf diesem Wege je erhalten wird. Das «Recht» ist eine Decke, die immer zu kurz ist, um einen Menschen zu wärmen. Damit es der andere wirklich «warm» hat, bedürfte er vermutlich nicht nur eines Hemdes, sondern auch eines Mantels. Gib ihm den von dir aus, ungebeten, schlägt Jesus vor. «Aber dann friere ich selbst», wirst du entgegnen? Nein, gerade nicht, das ist die ganze Zuversicht Jesu. Der Mantel, den du dem anderen schenkst, wird euch gemeinsam wärmen; denn was du von dir aus dem anderen gibst, ist wie ein Zelt, das sich über euch ausspannt, um euch gemeinsam als Wohnung zu dienen. Wer gibt, der verliert nicht – immer wieder hat Jesus diese Erfahrung vorgelebt; wer gibt, der verwandelt die Welt, und er selber lebt leichter darin. Es besteht keine Gefahr, daß man friert, wenn man den anderen wärmt. Denn die Liebe ist wie ein Stück der Sonne, und wo sie aufgeht, erwärmt sie alle, ohne Grenze und Unterschied.

Man kann Jesus nicht vorwerfen, daß er vor konkreten Fragen ausgewichen sei. In seinen Tagen waren all die Themen der Bergpredigt vom Umgang mit Aggression und Gewalt, mit Feindseligkeit und Streit unweigerlich assoziiert mit dem Haß aller orthodox und national gesonnenen Juden auf die Römer. Sie waren der Feind schlechterdings, sie waren die Verkörperung allen Unrechts, sie waren die Ausbeutung, das Heidentum, die Gottlosigkeit, die Gewalt; sie standen für alles, was dem Gott und dem Volk der Juden entgegenstand. Es gibt daher kein Wort aus dem Munde des historischen Jesus, das sich nicht messen lassen müßte an der Frage: «Und was heißt all das in der Auseinandersetzung mit den Römern? – Sie kümmern sich um kein Gesetz. Sie anerkennen nicht den Gott der Väter. Sie plündern, morden, rauben, vergewaltigen, brandschatzen, führen in Gefangenschaft und Sklaverei, verwüsten Dörfer, Felder und Landstriche, sie sind ärger als die Heuschrecken, und am Ende stehen sie noch da und behaupten, im Recht zu sein. Am Ende nehmen sie für sich sogar eine höhere Bildung und Kultiviertheit, eine durchsetzungsfähigere Zivilisation und Technik in Anspruch. Und wirklich, sie haben bessere Waffen, bessere Armeen, effektivere Formen der Verwaltung; auf ihrer Seite stehen nach ihrer Vorstellung stets klügere und stärkere Götter. Bitte, Meister, sage uns, was sollen wir machen *gegen die Römer?* Solang du diese Frage nicht beantwortest, hängen all deine Worte in der Luft wie eine Wolke, die nicht regnen will.»

Das erste, was Jesus tut, ist typisch für die ganze Art des Mannes aus Nazareth: Er denkt nicht in moralischen Prinzipien, er stellt bestimmte *Szenen* vor; er dekretiert keine ethischen Normen, er entwirft konkrete Modelle des Verhaltens. Eine Situation, in der man «dem» Römer begegnet, kann darin bestehen, daß einer dieser Volksfeinde und Gotteslästerer mit vorgehaltener Lanze auf jemanden zugeht und ihn zwingt, für ein Stück Wegs ihn zu begleiten – das heißt, ihm das Gepäck zu tragen und die Richtung zu weisen. Die «normale» Reaktion auf eine solche Zumutung wird in Zorn und Erbitterung bestehen: Wieso sind wir, die Juden, die Esel und die Hunde der Römer? Wieso kommen diese Fremden dazu, ein Land zu besetzen, das ihnen nicht gehört, und dann die Bevölkerung zu Hilfsdiensten zu pressen? Es mag sein, daß man sich ihrem Diktat fügen muß, doch wenn, dann nur, indem man sie das Unrecht fühlen läßt, das sie begehen. So zu handeln gebietet geradewegs das persönliche Ehrgefühl. Was *Jesus* möchte, ist indessen das genaue Gegenteil dieser «normalen» Verhaltensweise. Auch ihm liegt nichts an hündischer Unterwürfigkeit. «Aber», scheint er zu sagen, «warum denn sich unterlegen fühlen, wenn ein anderer Mensch unsere Hilfe benötigt? Der andere nötigt uns, ja; und dazu hat er kein Recht, das stimmt; doch er würde uns nicht nötigen, wenn er nur glauben könnte, daß man ihm freiwillig helfen würde; er zwingt uns zu der Hilfe, die er braucht, weil er von vornherein denken muß, daß eine mildere Sprache als Drohung und Gewalt nichts ausrichten wird – allenfalls Hohn oder Spott würde sie bewirken. Genauer gesagt: die Sprache der Nötigung ist nötig allein im Feld von Gewalt, und diese Sprache wird nicht widerlegt, sondern nur verstärkt durch die Demonstration von Haß oder Widerstand. Wenn, muß der andere denken, man mir schon nicht folgt, wenn ich den Speer erhebe oder das Schwert blankziehe, was werde ich da erst erreichen, wenn ich Schwäche zeige und mich aufs Bitten verlege? Mit anderen Worten: Du wirst solange mit der Sprache der Gewalt konfrontiert werden, als man dir gar nicht zutraut, du könntest etwas Gutes freiwillig tun. Du hältst es für ein Unrecht, daß man dich zu etwas zwingen will, das du nicht möchtest; doch das wirkliche Unrecht, das man dir zufügt, besteht darin, daß man etwas Gutes bei dir gar nicht für möglich hält, ohne Gewalt anzuwenden. Und dieses Unrecht kannst du rasch widerlegen. Du mußt nur einmal darauf achten, was der andere wirklich braucht. Er nötigt dich zu einer Meile Wegs; mehr wagt er nicht zu fordern, um dich nicht endgültig zum Widerstand zu reizen; bestimmt aber ist das nur gerade die Hälfte von dem, was er wirklich möchte. Verdopple getrost, wozu er dich nötigen will, und gewähre es ihm von dir aus, freiwillig. Du wirst sehen: es gibt mit einem Mal keine Römer und keine Juden mehr, es gibt nur noch dich und den anderen, zwei Menschen, die miteinander unterwegs sind, als Gleichberechtigte, als Brüder. Wenn du freiwillig gibst, was der andere braucht, wirst du nicht ausgenutzt noch gedemütigt; du bewahrst im Gegenteil deine Würde; du gewinnst einen Standpunkt jenseits der politischen Zerrissenheit der Nationen; du handelst ganz einfach als Mensch gegenüber einem anderen Menschen. Und so trittst du ein in das wahre Reich Gottes; so verläßt du die kleinlichen Grenzen des nationalstaatlichen Denkens von ‹Freund› und ‹Feind›; so senkt sich ein Stück vom Frieden Gottes durch dich über die Menschen.»

Die Großzügigkeit, die in einer solchen Haltung zum Ausdruck kommt, zeigt ihre Größe unter anderem auch daran, daß sie imstande ist, eine spezielle zeitbedingte Situation in ein überzeitlich gültiges Vorbild zu verwandeln. Was ursprünglich wohl in angegebenem Sinne auf die Begegnung zwischen Juden und Römern in den Tagen Jesu gemünzt war, erweitert sich zu einem außerordentlich dichten Bild des alltäglichen Umgangs miteinander. Wer von uns wird den anderen schon wirklich um etwas Wichtiges *bitten?* Für eine Nebensache wird ein Mann wohl seine Frau um eine Gefälligkeit bitten. «Nähst du mir mal bitte den Knopf an?» Oder: «Gehst du dies und das noch in der Stadt besorgen?» – das sind Wünsche, die man dem anderen noch sagen kann. Wer aber wird dem anderen schon sagen: «Ich brauche dich»? Oder: «Hilf mir, denn ich weiß endgültig nicht weiter»? Oder: «Du mußt mitanfassen, es wird im Moment mir alles zu schwer»? In den wirklich wichtigen Angelegenheiten, so haben wir gelernt, ist es beschämend, den anderen zu benötigen; wenn jemand allein nicht mehr zurechtkommt, so ist er ein Versager, und zudem bietet er Angriffsflächen, die seine Gegner alsbald ausnutzen werden.

Und auch von der anderen Seite her: Wer wird dem anderen schon zur Last sein wollen? Ist es nicht ein Gebot des Anstands, andere Menschen nicht mit den eigenen Mißliebigkeiten zu behelligen? Wenn also doch einmal jemand den anderen braucht, so wird er geneigt sein, seine wirkliche Not zu verschleiern; er wird sie, so gut es geht, herunterzuspielen suchen, und er wird, entscheidender noch, seine ursprüngliche Bitte in eine Notwendigkeit, in ein objektives Erfordernis, in ein «Du mußt» zu verwandeln trachten. Denn nur so steht er nicht als Versager da, nur so bleibt ihm das Empfinden der Schande erspart, nur so darf er hoffen, Erhörung zu finden. Doch gerade so versperrt er sich alles. Denn der andere wird sich wehren gegen den Ton von Befehl und Vorwurf; was er, gebeten, womöglich ganz gerne täte, das wird er, befohlen, verweigern. Und schon zerfällt die Gemeinschaft der Menschen, und aus der Einheit von Hilfe und Not wird der Kampf des im Grunde Schwächeren, des eigentlich Hilfsbedürftigen um Anerkennung und Macht. Es gibt aus dem ständigen Kampf aller gegen alle wirklich keinen anderen Ausweg, als der Fassade von Zwang und Gewalt hinter die Karten zu schauen und die ursprüngliche Ohnmacht und Abhängigkeit des vermeintlichen Herrn von seinem Sklaven zurückzuentdecken. «Wenn jemand dich nötigt», scheint Jesus sagen zu wollen, «so höre nicht auf die Sprache der Nötigung, sondern achte vor allem auf die Not des anderen. Wenn er dich schlagen will, sieh als erstes, wie seine Hand zittert, ehe sie sich zur Faust ballt; wenn er dich als Begleiter seines Weges einfordert, so denke, sein Weg ist viel weiter noch, als er dir sagt; und wenn er dich bekämpft für etwas, das du hast, so frage dich, warum er es für sich selber so dringend zu benötigen glaubt. Alle Gewalt ist nichts als hilflose Not.»
Erneut läßt sich die bestechende Konsequenz der so paradox

anmutenden Worte Jesu in der Bergpredigt wohl am besten wieder von seiten der *Psychoanalyse* verdeutlichen. Wie oft, wenn jemand kommt und bittet «nur mal» um «ein paar Minuten» Gespräch, kann man getrost sich hinsetzen und denken, es werde vermutlich Jahre in Anspruch nehmen, bis daß der andere einigermaßen seine Konflikte aussprechen und angehen kann! Die Dringlichkeit der Bitte und die «Bescheidenheit» seiner Forderung zusammen zeigen zumeist recht eindringlich, daß man nur gut daran tut, wenn man das, was der andere förmlich verlangt, ruhig noch mit dem Faktor «zwei» multipliziert und dann freiwillig sich dazu bereit erklärt. Denn tut man das nicht, verschlimmern sich nur alle Konflikte und verstärken sich in sinnlosen Rechthabereien. Zudem: Was heute Psychotherapie heißt, ist im Grunde nichts anderes als eine wörtliche Befolgung der Anweisung Jesu an dieser Stelle: Man macht sich ganz einfach zum Weggefährten des anderen; man fügt sich, so gut es geht, in sein Wandern und Suchen ein; man diktiert ihm nicht, wo es langgeht, man bleibt lediglich an seiner Seite, und man läßt ihn nicht allein, wenn es dunkel wird; im übrigen aber vertraut man darauf, daß der andere schon weiß, wo er zu Hause ist, und bis dahin begleitet man ihn. Das ist alles. Und was ehedem als «römisch», das heißt als fremd, bigott, gezwungen und gewalttätig am anderen erscheinen konnte, das löst sich nach und nach wie von selbst auf und vermenschlicht sich.

Und so jetzt in allem, nur daß es immer einfacher wird. War es noch schwer, auf die *Nötigung* eines anderen angemessen zu antworten, so läßt die *Bitte* eines anderen für gewöhnlich genügend Spielraum. Jede wirkliche Bitte ist wie ein Offenbarungseid aus Not – und aus Vertrauen. Wer eine offene Bitte abschlägt, der stößt den anderen wieder in die Grenzen seines Schamgefühls zurück, die er gerade überwinden wollte. Eine

Bitte ist immer auch wie ein Geschenk. Keine Kultur weiß das besser als die *indische.* Sie lehrt seit altersher die Bettler zu lächeln, und sie weist die Gebenden an, sich bei ihnen zu bedanken; denn diese, die Bettler, sind die eigentlichen «Wohltäter». Jede Bitte bereichert durch die Gabe des Vertrauens, und es ist eine eigene Kunst, sich ihrer als wert zu erweisen. Zu helfen, ohne zu demütigen, Beistand zu leisten, ohne abhängig zu machen, zu geben, so daß es den anderen aufrichtet, statt entmutigt, zu borgen womöglich, ohne den anderen zum «Schuldner» zu erniedrigen – das setzt eine äußerst sensible Mischung aus Nähe und Distanz, Verantwortung und Respekt, Engagement und Empathie voraus. Das atmet wirklich etwas von dem sanften Atem Gottes. Man wird dann sehr bald merken, daß die Bitte eines anderen zu erfüllen etwas gänzlich anderes bedeutet als Willfährigkeit und Willenlosigkeit. Oft genug geht es darum, überhaupt erst einmal herauszufinden, was der andere *wirklich* möchte. Vielleicht klammert er sich an einen bestimmten Wunsch wie ein Ertrinkender an einen Strohhalm, es hilft ihm aber nicht der Strohhalm, sondern daß er selbst das Schwimmen lernt. Nicht selten begehrt ein bestimmter Mensch etwas, das nur *symbolisch* ausdrückt, was eigentlich von ihm gemeint ist, und wer das Symbol mit dem eigentlichen Inhalt einer Bitte verwechseln wollte, der richtet unter Umständen eine Katastrophe an. Manchmal ist ein Wunsch nur deshalb so heftig, weil in ihm uralte kindliche Bedürfnisse in veränderten Zusammenhängen sich zu Wort melden, und immer wieder scheint es daher nötig, zwischen dem Wunsch, den jemand äußert, und dem, was er wirklich wünscht, «zwei Meilen Wegs mit ihm zu gehen». Die beste Erfüllung einer fremden Bitte besteht ab und an darin, dem anderen zur Klarheit über sich selbst zu verhelfen. Und doch gilt als das A und O in allem die Anweisung Jesu: *mit-*

zugehen und zu *begleiten,* nicht abzuweisen, nicht zu «reagieren», sondern selber in der Kraft des eigenen Vertrauens sich dem anderen zu stellen, sich ihm auszusetzen und gemeinsam mit ihm einzutauchen in die Sphäre Gottes, aus der alle Menschen leben. «Jedem, der bittet, dem gib», denn, so müßte man im Sinne Jesu ergänzen, «alles ist Gnade», alles ist Geschenk; und in Wahrheit gibt es nicht Arme und Reiche, Besitzlose und Besitzende; unter den Augen Gottes gibt es allesamt nur Bedürftige und Angewiesene; und der ganze Unterschied besteht einzig darin, inwieweit wir das wissen oder nicht.

Die wahre Gottessohnschaft ist die Feindesliebe

Diese Worte bilden den krönenden Abschluß der Auseinandersetzung Jesu mit den Weisungen der überkommenen Vergesetzlichung des Religiösen. Sie bilden zugleich den ganzen Stolz des christlichen Selbstbewußtseins. Hier, so wird versichert, zeige sich die Unvergleichlichkeit der christlichen Moral, hier zeige sich der göttliche Ursprung der christlichen Botschaft; denn wo in der Religionsgeschichte der Menschheit sonst hätte man Lehren gehört, wie diese: «Liebt eure Feinde, tut Gutes denen, die euch hassen, betet für die, die euch verfolgen . . .»? Sind dies nicht Forderungen, die der menschlichen Natur geradewegs entgegenstehen und schon deshalb von Gott sein müssen?

Eines stimmt: Je mehr die Erhabenheit und Göttlichkeit der Bergpredigt an dieser Stelle gerühmt wurde, desto klarer schienen die Worte Jesu den natürlichen Neigungen des Menschen zu widersprechen, und desto unnatürlicher begannen sie sich auszuwirken – *wenn* sie denn wirkten! Da wurde erklärt, daß diese Worte so weltüberlegen und hoheitsvoll seien, daß man sie nur erfüllen könne, wenn die Gnade Gottes die Natur des Menschen zu ihnen erhebe; doch wer kann schon dafür, wenn die Gnade Gottes ihn nicht dazu erhebt, derart gnädig und großzügig gegenüber seinen Mitmenschen zu sein, wie es Jesus hier fordert? Oder man stellte theologisch heraus, daß diese Worte Jesu nur als Ausdruck einer reinen «Reichs-Gottes-Ethik» verstanden werden könnten und inmitten einer gefallenen Welt vor dem Ende nur bedingt gelebt werden könnten; doch es ist mit Händen zu greifen, daß mit dieser Logik das eigentliche Anliegen Jesu völlig auf den Kopf gestellt wird; denn Jesus wollte gerade nicht, daß man mit der «Feindesliebe» solange «zuwarte», bis daß es keine Feindseligkeit unter den Menschen mehr gibt, sondern er wollte ganz im Gegenteil, daß wir hier und jetzt so lebten, wie es dem Willen und dem Wesen Gottes entspricht. Noch abenteuerlicher mutet die Auskunft an, in diesen Worten zeige sich eben dic göttliche Natur Jesu als des von Gott gesandten Messias, hier besonders erweise sich der unendliche Abstand und Unterschied, der uns Menschen von dem Sohn Gottes trenne; gerade umgekehrt läßt sich an dieser Stelle mit Händen greifen, daß Jesus überhaupt nicht als «Sohn Gottes» unter pompösen Titeln verfeierlicht und zum Himmel erhoben sein wollte; das einzige, worauf er Wert legte, war eine Lebensführung, die uns selber zu «Söhnen Gottes» machen würde. «Sohn Gottes» hießen bereits im Alten Ägypten die Hofbeamten des Pharaos; wer so lebt, daß er in seiner Existenz den Willen des Königs verkörpert, der galt als dessen «leiblicher Sohn». Der Wille Gottes, meint Jesus, das ist das Ende jeglicher Feindseligkeit unter den Menschen; wer *dazu* beiträgt, der ist in Wahrheit ein «Sohn Gottes». Absurd schließlich ist deswegen auch die Verlegenheitsauskunft, die Bergpredigt richte sich auf das private, nicht auf das öffentliche Leben; der Einzelne sei wohl (aufgrund der «Taufgnade») gehalten, seine «Feinde» zu «lieben»; die Kirche als Ganze aber oder der Staat könnten das nicht und brauchten es nicht, in Kirche und Staat stelle es womöglich sogar eine gefährliche Utopie dar, die christliche «Feindesliebe» praktizieren zu wollen; ein Staatsmann z. B. habe geradezu die Pflicht, seine Bürger vor jedem möglichen Aggressor zu schützen, und auch die Kirche müsse sich verteidigen gegen alle, die ihr zu schaden trachteten; wer etwas Gutes in übertriebener Weise wolle, der handle nicht nur unverantwortlich, der sündige «per excessum» und bringe sich selbst und alle ihm Anvertrauten durch ein vermessentliches Gottvertrauen in Gefahr. Es leidet keinen Zweifel, daß derartige theologische Konstruktionen unumwunden den Worten Jesu Hohn sprechen, der wollte, daß man tut, was er sagt (Mt 7,21), und nicht, daß man, womöglich noch in seinem Namen, davor warnt, es auch nur für möglich zu halten, daß man es tun könnte. Wie aber dann? Der Ausfall einer wirklichen Vermittlung von Theologie und Psychologie hat die richtigsten und wichtigsten Lehren Jesu in der Tat in eine Art Gift verwandelt. Die einen rühren deshalb erst gar nicht daran oder bewahren sie in kostbaren Phiolen auf, die sie niemals öffnen; andere aber, die sie zu sich nehmen möchten wie ein Medikament, erkranken daran bis zum Tödlichen. Die Entgegensetzung von göttlichem «Gebot» und menschlicher «Natur» zwingt die Besten unter den Gläubigen zu immer neuen Verkrampfungen und Abspaltungen, so als sei die «Feindesliebe» nur eine verfeinerte Spielart von Selbsthaß. Wie viele Depressionen und Schuldgefühle hat die christliche Moraltheologie nicht schon über Menschen gebracht, die das Unglück hatten, bereits als Kinder mit dem «göttlichen Liebesgebot» in Kontakt zu kommen?

«Ich kann meine Mitschwester nicht lieben, beim besten Willen nicht», gestand voller Verzweiflung eine Ordensschwester in der Beichte; «sie ist so grob zu mir und drangsaliert mich, wo sie kann; ich kann auf der Krankenstation machen, was ich will, es ist ihr nicht gut genug. Ich will mich woandershin versetzen lassen. Ich will sie nicht mehr sehen. Aber dann sage ich mir wieder: Wofür bist du denn Ordensschwester geworden, wenn du es noch nicht einmal schaffst, deine Mitschwester zu lieben? Es ist alles so verworren in mir.» – So wie diese Schwester fühlen viele, denen es ernst ist mit dem Christentum; sie bemühen sich redlich, aber sie scheitern immer wieder. Natürlich hilft ihnen nicht der wohlfeile Theologenkommentar, es heiße eigentlich auch gar nicht: «Liebt eure Feinde», sondern «lieben» bedeute hier so viel wie «mit Wohlwollen begegnen» oder «zu jemandem freundlich sein» oder «jemanden gut behandeln»; das Hebräische verfüge halt nur über ein einziges Wort, um auf einen ganzen Bereich differenzierter Nuancen im Umgang miteinander hinzuweisen. Philologisch ist diese Erläuterung gewiß nicht falsch, doch wem hilft sie psychologisch? Was tut eine Frau, die von ihrem Mann jahrelang seelisch mißhandelt wurde; was macht jemand, der im öffentlichen Leben von den Journalisten der Klatschpresse mit allen möglichen Lügen und Intrigen durchgehechelt wird; was tut ein Mann, der von einem Kollegen rücksichtslos an die Wand gedrängt wird? Soll er ihn «lieben»? Ihm «mit Wohlwollen begegnen»? Oder ihn «freundlich behandeln»? Es läuft alles auf dasselbe hinaus: es geht nicht. Wenn man aber glaubt, etwas tun zu müssen, das einer einzigen Überforderung gleichkommt, so *verliert* man gerade die innere Freiheit, die nötig ist, um «Böses» mit «Gutem» zu überwinden. Ja, man müßte im Sinne Jesu wohl sogar eine Art Kriterium aufstellen, inwieweit man seine Worte in der Bergpredigt richtig auffaßt oder nicht: Wenn sie jemanden wesentlich nur mutlos, traurig, gereizt, unglücklich und innerlich zerrissen sein lassen, dann versteht er sie gewiß noch nicht so, wie sie gemeint sind; oder von der anderen Seite her: Nur wer sich bei diesen Worten innerlich einheitlicher, freier, zufriedener und glücklicher fühlt, nimmt die Worte Jesu in ihrem eigentlichen Sinn auf. Wie wenig Jesus an einer Moral der Abspaltungen und der neurotischen Verquertheiten gelegen ist, zeigt das Schlußwort des ganzen Abschnitts: (nicht: «Seid *vollkommen*», wohl aber:) «Seid *ganz,* wie euer Vater, der himmlische, ganz ist» (Mt 5,48). Was Jesus möchte, ist sicher nicht, daß die Widersprüche, die zwischen Menschen bestehen, dadurch «gelöst» werden, daß man sie in Widersprüche mit sich selber verwandelt; umgekehrt: Er wollte, daß wir an der «Ganzheit» und «Heilheit» Gottes lernen, selber «heil» und «ganz» zu werden, und dann freilich hoffte und glaubte er, daß von dieser «Ganzheit» im eigenen Herzen her sich etwas mitteilen lasse nach draußen, so daß auch zwischen den Menschen zusammenwachsen könnte, was innerlich bereits «versöhnt» und «ganz» geworden ist.

Um das Anliegen Jesu zu verstehen, muß man demnach *in der Psychologie des Einzelnen beginnen* und *hier* abtragen, was es an «Haß» und «Feindschaft» gibt. «Ich weiß nicht, was da in mich fährt», schimpfte dieser Tage eine Frau auf sich ein; «meine Kollegin (in der Arbeit) braucht nur aufzutauchen, dann sträuben sich mir die Haare. Sie braucht nur den Mund aufzumachen, und schon werde ich wütend. Ich glaube wirklich, ich hasse sie. Dabei hat sie mir nichts getan. Sie sitzt nur da und weiß scheinbar alles.» – Es wurde recht bald deutlich, was sich da abspielte. Diese Kollegin verkörperte sozusagen all die Seiten, die diese Frau in sich selber bekämpfte und ablehnte. Zum Beispiel, einfach offen heraus ihre Meinung zu sagen, hatte sie sich selber stets verboten; von der in ihren Augen unverschämten Selbstsicherheit ihrer Kollegin fühlte sie sich kleingemacht; deren Ansichten konnten ihr allein schon dadurch bedrohlich werden, daß sie von ihren eigenen Meinungen abwichen; mit anderen Worten: der «Haß» auf ihre Kollegin galt im Grunde all den Stellen, die in ihrem eigenen Leben eingeschränkt und unentfaltet geblieben waren. Gleichwohl handelte es sich dabei nicht um eine einfache Reaktion von Mißgunst und Neid – dafür war ihre aggressive Gestimmtheit viel zu intensiv. Bei genauerem Hinhören wurde deutlich, daß sie als Kind *von ihrer Mutter* immer wieder auf das heftigste für jede Meinungsäußerung attackiert worden war – stets wußte die Mutter alles besser, grundsätzlich duldete sie keinen Widerspruch, und mit ihr in eine Diskussion einzutreten war von vornherein nicht möglich. Der unerklärliche «Haß» dieser Frau heute gegen ihre Arbeitskollegin ergab sich, psychoanalytisch gesehen, mithin aus einer merkwürdigen Verschiebung von Gefühlen, die damals der Mutter gegolten hatten, auf die viel jüngere Mitarbeiterin: Immer wenn sie dieser hätte widersprechen mögen, meldete sich unbewußt in ihr das alte Sprechverbot der Mutter nebst der Angst vor totaler Ablehnung und Verurteilung, wie sie seinerzeit gang und gäbe war. Zugleich aber drängte sich auch der alte Zorn auf die Mutter wieder vor, der all die Zeit über niemals hatte geäußert werden dürfen und heute noch ebenso stumm heruntergeschluckt werden mußte wie damals. Mehr noch: die lebenslange erzwungene Stummheit hatte auch objektiv zu einer völligen Wehrlosigkeit gegenüber jeder an sich möglichen oder nötigen Auseinandersetzung geführt, mit dem Ergebnis, daß heute bereits geringfügige Meinungsunterschiede als Konflikte auf Sein oder Nichtsein erlebt werden konnten. In dem «Haß» auf die Arbeitskollegin hatte

sich also ein bestimmter Gefühlsdrang gleich viermal verknotet: da war zum ersten der «Haß», den diese Frau als Kind von seiten ihrer Mutter immer dann erlebt hatte, wenn sie selber gern «vorlaut» hätte sein mögen; dieser «Haß» der Mutter aber war längst schon im Über-Ich als eine Instanz des Selbsthasses verankert worden und führte jetzt dazu, daß diese Frau sich noch heute jede freie Rede verbot; das wiederum mußte sie immer wieder in Situationen bringen, in denen sie sich anderen Menschen, wie zum Beispiel ihrer gegenwärtigen Arbeitskollegin, ebenso ausgeliefert fühlte wie damals ihrer Mutter, und in solchen Momenten «haßte» sie sich selber gleich doppelt: sie schämte sich für ihre Ohnmacht und Unterlegenheit, sie verurteilte sich aber auch für die exzessiven Rachephantasien, die sie phasenweise heimsuchen konnten; ging man diesen nach, so fand sich indessen recht bald die ausgeprägte Neigung, die Arbeitskollegin für ihre frechen oder unbedachten Redensarten geradeso anzufahren – wie damals die Mutter ihre Tochter. Es ist unter diesen Umständen nicht zuviel gesagt, wenn man den Haß auf die Arbeitskollegin letztlich als eine bloße Wiederholung des mütterlichen Hasses aus Kindertagen betrachtet.
Was also heißt hier: Liebt eure Feinde, und: Tut Gutes denen, die euch hassen (Lk 6,27.28)?
Deutlich war, daß diese Frau ihre Arbeitskollegin überhaupt nicht «hassen» wollte, und so war schon viel damit gewonnen, daß sie ihren «Haß» als eine im Grunde fremde, von außen in sie eingepflanzte Gefühlsreaktion erkannte, die zudem so etwas wie ein hochmoralisches Urteil enthielt, das da lautete: Man *ist* nicht vorlaut, und: Mutter hat immer recht. Zudem wurde deutlich, daß sie mit dem Ärger auf ihre Kollegin eigentlich sich selbst ablehnte; nicht die Kollegin – sie selber war ursprünglich mit all den Vorwürfen gemeint gewesen, die sie heute nach au-

ßen richtete. Um mit dem Haß auf die Kollegin fertigzuwerden, halfen mithin (erneut) keine moralischen Vorhaltungen – es wäre schlechthin absurd gewesen, dieser Frau auf direktem Wege mit den Sätzen der Bergpredigt auf den Leib zu rücken. Statt dessen zeigte sich, daß die Ablehnung der Mitarbeiterin in einer tiefen Selbstablehnung wurzelte. «Liebt eure Feinde» – das galt als erstes *ihr selbst*! Tut Gutes denen, die euch hassen – das war zunächst auf *sie selber* zu beziehen! Statt der Kollegin die freie Rede zu verbieten, kam es jetzt darauf an, sie sich selber zu gestatten. Also standen wir monatelang vor der Aufgabe, «schimpfen» zu üben, «Widerworte» zu geben, «Frechheiten» zu sagen und einfach drauflos «Quatsch» zu reden. Am wirksamsten war dabei die Vorstellung, die eigene Mutter säße wie damals am Tisch, und man könnte ihr jetzt all die Dinge geradewegs ins Gesicht sagen, die seinerzeit völlig undenkbar waren. Auf diese Weise verschob sich der Haß auf die Arbeitskollegin zurück auf das eigene Ich und von dort wiederum auf die eigene Mutter; aber er blieb dabei nicht stehen. Es zeigte sich jetzt, daß man durchaus nicht immer so stumm und mundtot bleiben mußte, wie die Mutter es damals erzwungen hatte – es war möglich, ihr Rede und Antwort zu stehen! Es war möglich, Meinungen auszutauschen! Es war also nicht mehr nötig, immer wieder aus lauter Angst und Minderwertigkeitsgefühlen überreagieren zu müssen – wie die Mutter damals schon. Ja, es wurde mit einem Mal klar, daß die Mutter damals sich wohl ganz genauso gefühlt haben mußte wie diese Frau heute – was also war ihr eigentlich vorzuwerfen? Statt sie noch nachträglich zu hassen und zu bekämpfen, erschien es als viel ratsamer, all die Verhaltensweisen nachzulernen, zu denen die Mutter in Kindheitstagen aus eigener Not den Zugang verwehrt hatte. Innerlich war die Mutter jahrelang als eine wahre «Verfolgerin» erschienen; jetzt wurde es möglich, buchstäblich für sie zu «beten» und ihr, der längst Verstorbenen, im nachhinein zu wünschen, sie möchte vom Himmel her gesegnet sein; sie hatte es erkennbar niemals böse gemeint, sie war nur einfach selber sehr hilflos gewesen. Es würde nicht helfen, ihr noch nachträglich alle möglichen Vorwürfe zu machen; wohl aber müßte es ab sofort erlaubt sein, sich abweichend von ihrem Vorbild zu verhalten und vor allem sich in Zukunft eines eigenen Wortes zu getrauen. «Liebt eure Feinde» – das hieß hier: Akzeptiere die Wünsche, die in dir seit Kindertagen nie leben durften; überwinde deine Angst, und versuche dich einmal so zu verhalten, wie es dir wirklich entspricht; höre damit auf, dich für Wünsche abzulehnen, die vollkommen berechtigt sind und die nur unter den speziellen Umständen deiner Kindheit nicht zugelassen waren; und: statt den anderen für gerade diejenigen Verhaltensweisen zu hassen, die du selber einnehmen möchtest, probiere einfach einmal, direkt zu tun, was du willst.

Es ist eine Formel, die fast überall zutrifft: Wir hassen am meisten das, was wir selber möchten, aber aus Angst und Schuldgefühlen uns nicht erlauben. Wir wehren uns geistig am heftigsten gegen diejenigen Wahrheiten, die in uns selber schon bereitliegen. Wir lehnen vor allem diejenigen Menschen ab, die bestimmte Seiten von uns verkörpern, mit denen wir noch nicht zurechtkommen. Unser »Haß» verweist in aller Regel also auf die ungelebten Anteile unserer eigenen Psyche, und ehe wir sie nicht in uns integrieren, wird es uns nicht erspart bleiben, an anderen Menschen stellvertretend auszuschließen, was für uns selber bislang als «ausgeschlossen» gelten mußte. Die «Feindesliebe» bildet daher zuallererst eine Form, geduldiger, toleranter, weitherziger und einheitlicher mit sich selber umzugehen. Die Versöhnung mit anderen Menschen, wenn sie mehr sein soll als ein kurzlebiger und sehr doppelbödiger moralischer Kraftakt, kann nur zustande kommen unter der Voraussetzung einer Versöhnung mit sich selbst.

«*Ganz*» zu werden, wie Gott «ganz» ist, stellt daher die unerläßliche Bedingung dafür dar, auch die anderen Menschen so zu akzeptieren, wie sie sind. Solange in unseren eigenen Köpfen noch die permanente Maschinerie der Selbstzensur und Selbstablehnung existiert, werden die Schablonen der Verurteilung durch uns selbst auch auf andere übergreifen. Doch all diese Schablonen, muß man im Sinne Jesu sagen, mögen viel zu tun haben mit der Rechtsprechung der Menschen oder mit der Rechtfertigung menschlicher Machtausübung, sie können verkörpert gewesen sein schon in unserem eigenen Vater oder in unserer eigenen Mutter – das hindert nicht, daß all das mit Gott nicht das geringste zu tun hat. Gott – das ist gerade die Macht im Hintergrund von allem, die diese Maßstäbe der Dauerzensur in Frage stellt, indem *er* seine Sonne unterschiedslos aufgehen läßt über «Guten» und «Bösen», über «Gerechten» und «Ungerechten». Gott – man kann es nicht oft genug sagen – ist im Sinne Jesu nicht die Legitimation wechselseitiger Verdammung und Ausschließung, Gott ist für Jesus die Kraft eines Vertrauens, das es erlaubt, ganze Menschen zu werden und so integral zu leben, als es geht.

Mit einem gewissen Stolz stellt an dieser Stelle Jesus den Gott der Juden den religiösen Vorstellungen der «Heiden», der «Völker» gegenüber; mit dem Glauben von Menschen, die den Gott Israels niemals kennengelernt haben, meint er, wäre es allenfalls noch vereinbar, die Inhalte des Religiösen zur Rechtfertigung aller möglichen Diffamierungen und dogmatischen Verketzerungen zu verwenden; der Gott der Juden aber ist in seinen Augen so niemals gewesen. Doch schon indem Jesus so

spricht, setzt er natürlich voraus, daß es eine Menge «Heidnisches» auch mitten in dem Volke gibt und geben kann, das sich das «auserwählte» nennt, ja, es wird sogar auch das Umgekehrte Geltung haben: daß es in den sogenannten «heidnischen» Religionsformen zahlreiche Elemente gibt, an denen sich das eigene Anliegen besser verdeutlichen läßt als an der Lehrtradition der Rabbinen des Judentums oder der Kirchenväter des Christentums. Und desgleichen tut Jesus an dieser Stelle so, als stünde er ganz an der Seite der «Rechtschaffenen»: die «Zöllner», die öffentlichen Sünder an der Grenze des «Heidentums», mögen mit Gott und ihren Mitmenschen berechnend und rechtlich eingeengt umgehen – für jemanden, der den Gott Israels kennengelernt hat, ist ein solches Verhalten unnötig und unsinnig. Natürlich weiß Jesus und will es sogar unterschwellig sagen, daß es eine Menge «Zöllnerhaftes» auch in den Kreisen der Musterfrommen gibt, und umgekehrt: viel wirklich «Gottförmiges» bei den sogenannten «Zöllnern».
Wieviel an theologisch begründetem Haß beispielsweise begegnet uns bei der Lektüre der christlichen Schriftsteller schon in den ersten Jahrhunderten? Wieviel Feindschaft gegenüber den Juden durchzieht nicht schon ganze Teile des Neuen Testaments? Wieviel an polemischer Ablehnung gegenüber den «Heiden» spricht sich nicht schon in der biblischen Botschaft des Gottes der Offenbarung aus? Und doch scheint es in der Religionsgeschichte der Menschheit keinen Text zu geben, der dem Bild Jesu von einem Gott, der die Sonne aufgehen läßt über Guten und Bösen und der es regnen läßt über Rechten und Unrechten (Mt 5,45), so nahe kommt wie eine Betrachtung des TSCHUANG-TSE im Alten China; er schreibt: «Vom *Sinne* aus betrachtet: was ist da wertvoll und was wertlos? Das sind nur überflüssige Gegensätze. Laß dadurch nicht dein Herz gefan-

gennehmen, daß du nicht im *Sinn* erlahmest! Was ist wenig, was ist viel? Das sind nur Worte beim Danken und Spenden. Mach nicht einseitig deinen Wandel, damit du nicht abweichst vom *Sinn*! Sei streng wie der Fürst eines Staates, der kein Ansehen der Person kennt; sei überlegt wie der Erdgeist beim Opfer, der nicht parteiisch Glück verleiht; sei unendlich wie die Grenzenlosigkeit der Himmelsrichtungen, die keine bestimmten Gebiete umfassen! Alle Dinge gleichmäßig umfangen, ohne Vorliebe, ohne Gunst, das ist Unumschränktheit. Alle Dinge gleich betrachten: was ist dann kurz, was ist dann lang? Der *Sinn* kennt nicht Ende noch Anfang, nur für die Einzelwesen gibt's Geburt und Tod. Sie können nicht verharren auf der Höhe ihrer Vollendung. Einmal leer, einmal voll, vermögen sie nicht festzuhalten ihre Form. Die Jahre lassen sich nicht zurückholen, die Zeit läßt sich nicht aufhalten. Verfall und Ruhe, Fülle und Leere machen einen ewigen Kreislauf durch. Damit ist die Richtung, die allem Sein Bedeutung gibt, ausgesprochen und ist die Ordnung aller Einzelwesen genannt. Das Dasein aller Dinge eilt dahin wie ein rennendes Pferd. Keine Bewegung, ohne daß sich etwas wandelte; keine Zeit, ohne daß sich etwas änderte. Was du da tun sollst, was nicht tun? Einfach der Wandlung ihren Lauf lassen!» – «Darum ist der Wandel des großen Mannes so beschaffen, daß kein Schaden für die andern herauskommt. Dennoch tut er sich nichts zugute auf seine Liebe und Gnade; er rührt sich nicht um des Gewinnes willen und schätzt doch nicht gering die Sklaven, die das tun. Er streitet nicht um Geld und Gut und macht doch nicht viel Wesens mit Ablehnen und Gönnen. In seinen Geschäften verläßt er sich nicht auf die Menschen, und doch tut er sich nichts zugute auf seine Stärke und verachtet nicht, die in ihrer Gier dem Schmutze sich zuwenden. In seinem Wandel unterscheidet er sich von der Menge und tut sich

doch nichts zugute auf seine Abweichungen. In seinen äußerlichen Handlungen richtet er sich nach der Masse und verachtet nicht die Schwätzer und Schmeichler. Der Welt Ehren und Schätze sind nicht imstande, ihn zu beschimpfen. Er weiß, daß Billigung und Nichtbilligung sich nicht trennen lassen, daß Klein und Groß sich nicht scheiden lassen. Ich habe sagen hören: Der Mann des *Sinns* bleibt ungenannt; höchstes Leben sucht nicht das Seine.» *Das* muß es heißen, *«ganz»* zu sein wie unser «himmlischer Vater ganz ist». Es bedeutet, daß wir *Söhne Gottes* werden können, indem wir Versöhnung untereinander wirken, und es bedeutet zugleich, daß wir Versöhnung untereinander wirken können, weil wir «Söhne», «*Ver*söhnte» Gottes sind. Beides ist eine Einheit.
Ein scheinbar berechtigter Einwand gegenüber diesen Ausführungen könnte noch lauten, es sei bisher aber nur von derjenigen Feindseligkeit und Feindschaft gesprochen worden, die der Einzelne selber im Herzen trage; wie aber sei es um die Feindschaft bestellt, auf die man, trotz besten Bemühens vielleicht, *im anderen* stoße? Die Antwort kann nur lauten, daß hier dieselben Gesetze gelten, nur spiegelbildlich versetzt. Auch der «Haß» des anderen entspringt den gleichen Verquertheiten und Versperrungen wie im eigenen Ich. Wer weiß, wie komplex zusammengesetzt, wie herkunftsbelastet, wie inadäquat in der jeweiligen Situation die heftigsten Gefühle der Ablehnung gegenüber einem anderen Menschen sein können, der wird förmlich damit rechnen, daß ihm der stärkste Widerstand womöglich gerade dann entgegenschlägt, wenn er ihn am wenigsten verdient, und er wird jetzt gerade nicht den Fehler begehen, der sonst wie selbstverständlich unterläuft: Er wird sich gerade nicht gegen das vermeintlich erlittene Unrecht zur Wehr setzen, sondern unterstellen, daß der andere zu seinen

Attacken Gründe besitzt, die allem Anschein nach völlig außerhalb der eigenen Person sowie der gegebenen Situation liegen; und so wird er, statt sich auf Kampf, Konfrontation und Rechthaberei einzulassen, sich noch weit mehr für den anderen interessieren und engagieren. Er wird in ihm, wenn er derart viel Leid um sich her verbreitet, selber einen zutiefst Leidenden sehen; er wird in dem Hassenden jemanden wahrnehmen, der bislang in ganzen Teilen seiner Persönlichkeit zu allen möglichen Formen der Selbstablehnung gezwungen war; und in jedem Falle wird er, statt selber zurückzuschlagen, versuchen, diesen verborgenen Gründen des Hasses in der Seele des anderen nachzugehen. Und gerade so wird er zum Sachwalter Gottes, zum «leiblichen Sohn des Königs», der möchte, daß keines seiner Geschöpfe verlorengehe.
Dann freilich droht noch immer und gerade ein Schicksal, wie Jesus selbst es erlebte: Es kann sein, daß derjenige, der versucht, den bestehenden Haß mit Güte zu beantworten, überhaupt erst all die Ängste, Verzweiflungen und Aggressionen im Hintergrund freisetzt, und sie müssen sich über ihn als ersten entladen, ehe sie sich klären. Mitunter gibt es Versöhnung nur um den Preis des Äußersten. Einfach ist der Weg Jesu nicht. Doch er ist spannungsreicher, phantasievoller, ehrlicher, weitherziger, menschlicher – also auch «göttlicher» als jede Alternative. Alle anderen Wege haben das Feld des Unfriedens bislang nur vergrößern können. Doch eine solche Kombination aus Selbsterkenntnis und Güte, aus Weisheit und Weite – was daran sollte «utopisch» sein? Schon 600 Jahre vor Christus meinte der altchinesische Weise LAOTSE: «Des Himmels *Sinn* streitet nicht und ist doch gut im Siegen. Er redet nicht und findet doch gute Antwort. Er wirkt nicht, und es kommt doch alles von selbst. Er ist gelassen und ist doch gut im Planen. Des Himmels Netz ist

ganz weitmaschig, aber es verliert nichts.» – «Was du zusammendrücken willst, das mußt du erst richtig sich ausdehnen lassen. Was du schwächen willst, das mußt du erst richtig stark werden lassen ... Das Weiche siegt über das Harte. Das Schwache siegt über das Starke. Den Fisch darf man nicht der Tiefe entnehmen.» So ist es.